CEMAAT´TEN ÖRGÜT´E

FETÖ´NÜN SOSYOLOJİK ANALİZİ

Nachdruck oder Vervielfältigungen, auch auszugsweise, bedürfen der schriftlichen Zustimmung des Autors.

Herstellung und Verlag:
BoD - Books on Demand, Norderstedt
ISBN 9783754313282
©2021, Cemil Sahinöz
Cover: Erman Doğan

İçindekiler

Önsöz

Düşünün, dini bir cemaat dini kavramlarla ortaya çıkıyor. Onyıllarca dini hizmet yapıyormuş gibi hareket ediyor, millet kendilerine güveniyor ve destekliyor. Varını, yoğunu bu hizmete vakfediyor. Fakat işin aslında, bu cemaat devleti içinden oyuyor, dışgüçlerle işbirliği yapıyor, devletin tüm kilit noktalarına gelmeye çalışıyor, şantaj ile rakiplerini ortadan kaldırıyor. Yani dini hizmet yerine tamamen dünyevi ve mafyavari işlerle uğraşıyor.

Masal veya aksiyon filmi gibi gelen bu yazdıklarımız gerçeğin ta kendisi. Gülen Hareketi olarak bilinin FETÖ tam anmalıyla bu şekilde hareket etti ve insanların güvenini istismar etti.

Sadece güvenini değil, toplumun dini cemaatlere bakış açısını da değiştirdi. Örneğin "cemaat", "hizmet" veya "imam" kavramlarını asıl manalarından çıkarıp negatif (menfi) bir manaya soktu. Sosyolojik olarak toplumun dini kavramlara yönelik inancını sarstı.

Elinizdeki araştırma bu nedenle bu yapılanmayı, popüler olarak değil, sosyolojik olarak ele alıyor. Dini bir

cemaatin nasıl bir örgüte dönüştüğünü gösteriyor. Hareketin yapılanması, organizasyon şekli, tarihi, hedefleri, metotları ve yurtdışındaki yapılanması analiz ediliyor. Özellikle Gülen'in doğumundan 80'li yıllara kadar fazla bilinmeyen hayatı inceleniyor ve kendisiyle o zamanları beraber olan şahıslarla kitap için görüşülüyor.

Kavram olarak FETÖ'den bahsetsek de zaman zaman araştırmamızda sosyolojik kavram olarak Gülen Hareketi kavramını kullanmayı tercih ettik. Bunu yapmamızın sebebi, ilmi bir araştırma olması hasebiyle kendilerine dışarıdan verilen bir ismi değil de, kendilerine verdikleri kavramı kullanmakdı.

Dr. Cemil Şahinöz

Teorik çerçeve

Asıl konuya değinmeden önce kısaca araştırmanın teorik çerçevesine göz atalım. İlk önce toplum, cemiyet ve cemaat kelimelerinin analiz edilmesi gerekmekte. Bu bağlamda Tönnies'nin bazı düşüncelerine göz atacağız. Ardından anlam oluşturma konusunu işleyeceğiz. Genelde cemaatlerde anlam karizmatik bir önder sayesinde oluşur. Bu nedenle karizma konusu da bu bölümde işlenecektir. Son bölümde ise ağlaşma teorisini ele alacağız. Burada göz önünde bulundurulması gereken en önemli faktör sosyal ağlaşmadır.

Toplum, Cemiyet, Cemaat

Aristo Milat'tan önce, 4'üncü yüzyılda, insanların yaşamak için sosyal çevrelere ve birbirlerine muhtaç olduklarını belirtirken, Durkheim (1992) sosyal düzeni ve toplumu birleştiren faktör olarak 'insanlar arası dayanışmayı' kaynak olarak görüyor. Durkheim'a göre toplum, insanların ihtiyaçlarından dolayı oluşuyor. 'Gemeinschaft und Gesellschaft' (Türkçe: 'Cemaat ve Cemiyet') kitabında Ferdinand Tönnies (1979) 'kentsel-feodal ve tarımsal toplumun nasıl modern endüstriyel sanayileşmiş bir toplum haline geldiğini ve bireysel anonimleşmenin' (Schäfers, 2003b, s.111) nasıl geliştiğini analiz ediyor. İbn Khaldun (1966) 14'üncü yüzyılda köy ve şehir hayatının farklarını anlattığı eserinde kullandığı 'Asabiyyet' kelimesi hala günümüzde toplumsal nitelikleri anlatmak için büyük önem taşıyor. Bell (1989) gelişmiş batı endüstrilerini 'post-endüstri toplumu', Spinner (1998) 'bilgi ve bilim toplumu', Castells (2001) 'ağlaşma toplumu' ve Beck (1986; 1991;

6

2007) ise 'risk alma toplumu' olarak tanımlamış (Schäfers, 2003b, s.113). Bunun yanı sıra sosyolojik tartışmalar bir 'Dünya Topluluğu Tezi'ni de oluşturmakta (Beck, 1998; Luhmann, 1995b). Kitle iletişim araçları yerel iletişimi kaldırıp, global iletişimi yaygınlaştırdı. Günümüzde artık ulaşılamayan bir bölge yok. Yani 'Sosyal adalaşma' kalmadığı için, bu teoride 'dünya topluluğu'ndan bahsediliyor.

Sosyolojide toplum kelimesi karmaşık bir anlam taşıyor. Bu terim ile canlıların, yani insan, hayvan ve bitkilerin bağlılığını da ifade edebilirsiniz. Fakat aynı zamanda ihtiyaçları karşılamak için bir birleşim veya belli bir amaç için organize olmuş bir birleşimi de ifade eder. Halbuki toplum bir kurgu'dur. İnsanlar toplumda değil, toplumun gruplarında, derneklerinde, organizasyonlarında ve kurumlarında yaşarlar (Schäfers, 2003b, s.109ff). İnsanları birleştiren Tönnies'e göre (1979, s.17) uzlaşmadır ('consensus'). Ona göre uzlaşma, sosyal güç, sempati ve insanların birbirine gösterdiği samimi anlayıştır. Bunun yanı sıra dayanışma duygusu da insanları bütünleştiriyor (Durkheim, 1992; Anderson, 1991; Mettele, 2006, s.48).

İnsanlar arası müsbet bir ilişki Tönnies'e göre (1979, s.3ff) ya bir cemaati veya bir cemiyeti meydana getirir. Tönnies'e göre her sosyal yapı aslında bu teoriyle aydınlatılabilinir. Küçük ve samimi olan ve gerçek ve organik yaşam olarak algılanabilinen birleşimlere cemaat (Gemeinschaft) ismini veriyor. İdeolojik ve mekanik bir şekilde birbirlerine bağlı olan büyük sayıda insan gruplarında ise cemiyet (Gesellschaft) kavramını kullanıyor. Cemaati eskiye dayanaklı fakat sürekli bir birleşme olarak, cemiyeti ise 'yeni' fakat geçici bir kamu olarak görüyor. İşte bu yüzden cemaat 'gerçek' bir beraberlik, cemiyet ise görünüşte bir beraberlik. Tönnies de bunu göz önünde bulundurarak cemaati canlı bir organizma, cemiyeti ise mekanik ve insanların kendilerinin oluşturduğu bir etken olarak tanımlıyor.

Yaradılışa dayanan ana-çocuk-bütünlüğünden gelen sosyalleşme insanların birbirlerine ilişkilerinin önceden beri var olduğunu, yani öğrenilmesi gerekilmediğinin bir göstergesidir. Cemaat tam anlamıyla beraber yaşamak demektir. Schäfers (2003a, s.98) cemaati, 'insanların birbirleriyle çok yakın, tanıdık ve fıtraten var olan bir birarada yaşama şekli' olarak tarif ediyor. Bu birleşimler insanların yaşamını ve hayatta kalmalarını kolaylaştırıyor. Her nerede insanlar organik veya hür iradeyle biraraya gelseler ve ortak eylemler, ortak gelenek veya ortak mülkiyet ile bibirlerine bağlı olsalar, cemaat oluşur. Bu şekildeki cemaatlerin orijinali akrabalık, komşuluk ve arkadaşlık ilişkileri (Tönnies, 1979, s.12ff). Üstelik Tönnies için cemaat çok önemli ve çekici bir unsurdur. Tarifine göre cemaat, insanların beraber en ideal yaşama şeklidir ve yakınlığa, duygusallığa, dayanışmaya, karşılıklı anlayışa, güvenliğe ve yardımcılığa dayanan bir birleşimdir. Buna karşılık ahlaki bir yükümlülük olarak, bireyden cemaate faydalı olunması istenilir (Schäfers, 2003a, s.99ff).

Cemaatte güven dolu bağlılık esastır. Tanıdık ve bilindik herşey cemaattedir. Doğuştan itibaren bir cemaatin içinde olunur. Tönnies'e (1979, S. 169) göre üç farklı beraberlik vardır: kan bağlılığı (akrabalık), mekan bağlılığı (komşuluk) ve ruh yakınlığı (arkadaşlık).

8

Akrabalık, doğunca oluşan bir grublaşmadır, sonradan oluşması gerekmez. Aile, köy veya kent Tönnies (1979, s.12) için birleşim noktalarıdır ve özellikle aile, cemaatlerin en dar ve yakınını ve genel olarak cemaatlerin yapısını temsil eder. Bu tip sosyalleşme subjektif olarak algılanan beraberliğe dayanmaktadır (Weber, 1984, s.69). Cemaatin bireyleri davranışlarını birbirlerine göre ayarlarlar. Bağlılık, Doğal İrade (Wesenwille) nedeniyle gerçekleşir (Tönnies, 1979, S.73ff). Gelenekler, örf, adet ve din doğal iradelerdir. Doğal İrade sonradan oluşan suni bir biçim değildir, tabi olarak var olandır.

Cemiyet de ise birlikte değil, paralel olarak yaşamak vardır. İnsanlar kendi istekleriyle beraber yaşasalar bile, cemiyetin içerisinde yabancı gibidirler. Sadece istekleri nedeniyle organik olarak beraberdirler. Bireyler yabancı gibi ve ayrı yaşarlar ve birbirleri için yaşamazlar. Kendi çıkarları oldukları zaman birleşir, çıkarları olmadığı zaman ayrılırlar. Cemiyetin yöneticileri kapitalistlerdir. Cemiyet, onlar için var olan bir araçtır (Tönnies, 1979, s.52). Ayrıca Tönnies cemiyeti doğal ve yapay bireylerin toplamı diye ayırıyor (Tönnies, 1979, s.44). Bu yüzden cemiyetin var olması için bireyciliği ön plana getiriyor (1979, s.139). Görüşlerine göre cemiyet, insanların ulaşabileceği en yüksek ve gelişmiş beraber yaşama biçimi. Cemiyetleşme ise ev ekonomisinden genel ticaret ekonomisine, çiftçilikten endüstriye geçiş demektir (1979, s.46). Sosyal davranış Weber'e (1984, s.69) göre rasyonel çıkarlar dengesiyle şekillenir. Tönnies aynı konu için şöyle diyor: 'Cemiyet birleşimleri, çıkar sağlayabilecek ve birlik içinde ulaşılabilecek her türlü amaç için gerçekleşebilirler'

(1979, s.171). Tönnies (1979, s.216) cemiyeti üç farklı şekile ayırıyor: büyük şehir yaşantısı, ülkesel ve evrensel yaşama şekli. Cemiyet, Akılcı İrade (Kürwille) sayesinde ayakta durur (1979, s.91ff). Akılcı İrade devletin yasaları ve kurumlarından oluşuyor ve anlaşarak ve karar vererek oluşturulur.

Endüstriyel, seküler ve modernitenin gelişmesinden dolayı cemaat çağı cemiyet çağına dönüştü. Yapıcı ve bütünleştirici ev ekonomisinin çöküşünün sebebi Tönnies'e göre, bireylerin aile ve din içerisindeki emansipasyonudur (1979, s.182). İnsanların birbirine yardımcı ve paylaşımcı olmalarının yerini, rasyonel birleşmeler almış bulunuyor. Rasyonellik önceden cemaatte insanları birleştiren örf, gelenek ve ortak değerlerdi. Bunlar sayesinde insanlar tüm ayrılıklara rağmen birbirlerine bağlıdılar. Cemiyet de ise insanlar tüm bağlılıklara rağmen ayrılar (Tönnies, 1979, s.34).

Müslüman dünyasında da cemaatlerin uzun gelenekleri var. Cemaatlerin meydana gelmesi ne kan bağına ne de mekana bağlı. Cemaat terimi arapçadan gelip, 'bir araya toplamak' olarak tercüme edilebilinir. Mana olarak farklı kişilerin bir araya gelip birlik göstermesi demektir (Akgündüz, 1995, s.157ff). Bu nedenle halihazırda İslam terminolojisinde kullanılan cemaat kelimesi, Tönnies'in cemaat anlayışıyla birebir uyuşmuyor. İslam'daki mevcut cemaat anlayışı daha çok çağdaş, moderniteden sonra veya sonucu olarak ortaya çıkan ve Türkiye örneğinde cumhuriyetin bir fenomeni.

10

Şehirleşme ve endrüstiyel devrim, cemaatlerin var olmasına yol açmıştır. Geleneksel ilişkilerin moderniteye uyum sağlama şeklidir cemaat. Cemaatler insanların sosyal ve dinsel ihtiyaçlarını karşılamak için oluştu. Cemaat, bireylerine gündelik hayatlarını dinin gerektirdiği gibi yaşamayabilmelerini sağlar. Bireyler sosyalleşip, kendilerine yaşamları için sosyal çerçeve geliştirirler. Agai cemaat kavramını şöyle tarif ediyor: 'Ağlaşma teorisine göre cemaat, müzakere ve söylemleri tanıyan ve amaca yönelik hedeflere bağlı olan bir ilişki ağı' (Agai, 2004, s.51ff).

Dolayısıyla cemaatler kötü ekonomilerin veya siyasi krizlerin eseri değildirler. Modernizme geçici tepki olarakta meydana gelmemişlerdir (Göle, 1997, s.69; Çayır, 2000, s.44). Tam tersi; bir çok araştırmacı cemaatlerin verimliliğini modernizmde bulduklarını söylüyorlar (Akdoğan, 2000, s.121ff; Göle, 1986, s.515; Roy, 1995 s.77). Müslüman yazarların görüşlerine göre, kentleşmeyle birlikte dinsel bir çelişki oluştu (Yavuz, 1995, s.646). Bu durum cemaatlere büyük bir hareket etme alanı sağladı. Dinsel çelişkileri veya imana gelen şüpheleri giderebilme çabası cemaatlerin büyümesine sebep verdi. Cemaatler, modern hayatta dinin koruyucusu oldular. Said Nursi de dinden kuşku duymanın modern yaşam tarzı ile büyüdüğünü şöyle dile getiriyor: 'Eski zamanda bir memlekette olan bir kafir-i mutlak yerine, şimdi bir kasabada yüz tane bulunabilir' (1994, s.149; 2003, s.179; bkz. 1995b, s.22ff). Bu düşünce Said Nursi'nin fıkıh gibi konularla değil daha çok iman hakikatlarıyla ilgilenmesine sebep oldu.

11

Modern İslam gruplarının liderleri eskisi gibi dağlarda yaşayan, kendilerini dış hayattan çekmiş mollalardan değil, sekülerizmin bilgin kişiliklerinden[1] oluşuyor. Bu yüzden Siyasi İslam modernizmde yükselen bir gelişimdir (Akdoğan, 2000, s.314).

'İslami Modernizm'de cemaatler kaçınılmaz bir yer aldı, çünkü cemaatler, bireylere İslamiyete uygun bir yaşam olanağı sunuyorlar. Cemaatler, bireylerine kimlik[2] ve anlam sunarak toplumdaki yaşama hazırlıyorlar. Bu anlam ile olabilecek veya karşı karşıya kalabilecekleri ihtimalleri (contingency) aşabilirler. İslami cemaatlerin bir başka özelliği ise, moderniteye islami bir kimlik giydirmeleri. Ekonomi, insan hakları, demokrasi gibi konular islami usullere göre ele alınıyor ve modern çağa - moderniteye - uygun bir şekilde cevaplanıyor. Bu yüzden cemaatler sadece kendi köşelerinde kalmıyorlar, toplumda da aktif olarak yer alıyorlar. Mesela İslamiyete uygun, faizsiz çalışan bankalar kuruluyor. Müslüman olmayan ülkelerde Helal-Gıda konusunda farklı projeler geliştiriyorlar. Bu şekilde bu hareketler dünyevileşiyorlar. 'Her alanda modern kurumsallaşmış

---

[1] Bir kaç misal (Akdoğan, 2000, s.313ff): Prof. Dr. Necmettin Erbakan (Milli Görüş), Gulbettin Hikmetyar (Hizb-i İslami), Sosyolog Prof. Seyyid Kutub (İhvan-i Müslimin), Psikolog Muhammed Kutup, Burhaneddin Rabbani (Cemiyet-i İslami), Raşid el-Gannuşi (Tunus İslam Hareketi), Abbas Medeni (Cezayir Hareketi), Malik Binnebi (Cezayir Hareketi), Abdulkadir Udeh (İhvan), Mustafa Sıbai (Suriye İhvan).
[2] Kimliğin modernizmdeki rolü: 'Kimlik oluşturmak, moden toplumlarda yaşam için en önemli etkenlerden biridir, çünkü bireyler modern toplumlarda farklı rol beklentileri ile karşı karşıya kalırlar ve bu rollere karşı bir mesafe geliştirmek zorunda kalırlar' (Mıhçıyazgan, 1994, s.33).

cemaatler, kendi yapısal ilkelerine göre kamusal alanı şekillendiriyorlar ve kendi sosyal-ahlaki çevrelerini oluşturuyorlar´ (Seufert, 1997, s.149). Yeni eylem alanları İslamiyet´e uygun olarak tanımlanıyor (Agai, 2004, s.185). Buna cemaatleri ayakta tutan ekonomik ve ticari şirketler de dahil. Normalde cemaatler mensuplarının gönüllü verdikleri aydatlarla geçinirler. Fakat globalleşen ekonomide bir cemaatin sadece verilen bağışlarla ayakta kalması ve fikirlerini yayması mümkün değildir. Bu şekilde cemaatler tarafından kurulan şirketler meşruluk kazanıyorlar. Ayrıca şirketlerin kurulması cemaatlerin ekonomik yönden mensuplarından bağımsız olmasını sağlıyor.

Cemaatler, düşüncelerini yaymak için modern teknolojileri kullanıyorlar. Mesela internet ortamı, fikirlerini yaymak için önemli bir ortam. Ama sırf internette değil, dijital platformda zamanında DVD/VCD'ler İslami dünyada bir patlama yaşamıştı. 90'lı yıllarda Nurcular tek İslami grub olarak bu yöntemleri kullanırken, şimdi ise teknolojiyi amaçları için kullanmayan grub yok. Bu tip yöntemlerle kamuoyunda geniş bir kitleye seslenilmekte.

20´inci yüzyılın ortalarından itibaren Türkiye´de küçük şehirlerden büyük şehirlere göçler gerçekleşti:

Yıl	Büyük şehirlerde yaşayanların oranları
1950	%18,1
1960	%22,5
1970	%35,8
1980	%45
1985	%51

13

1990	%56
1997	%65
2012	%77,3
2020	%93

1950 yılında Türk toplumunun sadece %18,1'i şehirlerde yaşarken, bu oran 1960 yılında %22,5'e, 1970 yılında ise %35,8'e çıkmıştır. Bu ani gelişme gelecek yıllarda daha da yükselmektedir. 1980 yılında şehirlerde %45 yaşarken, 1985'de %51, 1990'da %56 ve 1997 yılında ise %65'e çıktı (Albayrak, 2002, s.130-133). 2012'de bu rakam %77,3'e ve 2019'de %93'e yükseldi.

Mardin'e (1997, s.371) göre günde 3000 kişi İstanbul'a göç ediyordu. Bu kentleşme Türk halkındaki sosyal değişikliklerle alakalıydı. Köyde yaşayanlar modern hayatın getirdiği bazı sorunları ve ihtiyaçları gideremiyorlardı[3]. Şehirdeki cemaatler köyden gelenlere bir dayanak sunuyorlardı. Şehire göçenler böylece köklerinden kopmadan, yabancılaşmadan yaşamlarını sürdürebiliyorlardı. Şehirde uyum sağlayamayan kişilerdeki sosyalleşme boşluğunu, cemaatler dolduruyordu. Sosyal problemlerin çözümlerinde cemaatler alternatif olmaya başlamışlardı. Sorunlarda ilk gidebilecekleri ve gittikleri kapı cemaatler oluyordu (Albayrak, 2002, s.49). Fakat kentleşmek cemaatler içerisinde yeni problemleri beraberinde getirmişti. Köy halkının İslamiyet anlayışı artık şehirlere taşınmıştı ve yaşam tarzları değişmişti. Bu tarz bir İslamiyet

---

[3] Bu şehirlesme özellikle modernitede kaybeden köylüyor nedeniyle hızlandı: çiftçiliğin değerinin kaybolması, tarımsal üretimle uğraşanların ihtiyaçlarını karşılayamaz hale gelmeleri ve esnafların sanayi üretimin baskısına uğramaları.

14

anlayışının en yaygın olduğu tarikatlar büyük değişimlere uğramışlardı. Aralarındaki iç tartışmalardan sonra, yeni yorumlar geliştirdiler ve şehir hayatını İslamiyete göre yaşama yöntemleri buldular. Bu tarikatlar hem eski köylüler için, hem de şehirde yaşayan ama şehir yaşantısından kopmak isteyenlere bir merkez oluşturmuşdu. Bir nevi şehirden kaçış merkezleri olmuşlardı. Bu yüzden modern cemaatlerin bir özelliği olan topluma açılma ve toplumu şekillendirme buralarda gerçekleşemiyordu.

Cemaat içerisinde dayanışma düşüncesi önemlidir. İslamiyet, müminlerin birbirine yardım ettiği ve birbirlerine dayanak oldukları bir dindir[4]. Bu dayanışma temeline dayanarak zaten İslam dünyasında cemaatler kendiliğinden oluşmuştur[5]. Buna, cemaatler tarafından kurulan yardım kuruluşları veya vakıflar örnektir. Bu kuruluşlar İslamdaki dayanışma fikrine ve müminlerin birbirlerine gösterdikleri desteğin en büyük işaretidir.

Genel olarak yukarıda bahsedildiği gibi cemaatler, ister kentsel olsun ister kırsal, mensuplarına hayat anlamı verirler. Dünyayı anlayabilmek ve olabilecek veya karşı karşıya kalabilecekleri ihtimalleri (contingency) aşabilmek için yardımcı olurlar. Bu konuyu gelecek bölümde daha detaylı analiz edeceğiz.

---

[4] Hicretin ilk yıllarında oluşan ümmet yapısı buna güzel bir örnektir.
[5] Sadece İslam dünyasında değil, 60'lı yıllarda Almanya'ya gelen misafir işçilerini düşünürsek, onlar zamanında dinlerini yaşayabilmek için büyük çabalarla camiler ve dernekler kurdular. Bunun için dinleri onlara yeterli motivasyonu veriyordu.

Anlam Kazanma ve Karizma

Peter L. Berger için toplum diyalektik bir fenomendir (1973, s.3). Toplumu insan var ettiği gibi, insanı da toplum var eder. Dolayısıyla her insan toplumu kendilerine bir dünya inşa ederler. Yani insanlar toplumu meydana getirirler. Ve bu aynı toplumda insan kişilik oluşturur ve kimlik elde eder. Bu diyalektik sürecin üç aşaması vardır: dışsallaştırma, nesneleştirilme ve içselleştirilme [6] (1973, s.4).

1. Dışsallaştırma: insanın kendini sürekli dışa vurma çabası, yani taşıdığı anlamı dışa taşıması.

2. Nesneleştirilme: bir gerçekliğe ulaşma süreci.

3. İçselleştirilme: son olarak bu gerçeği tekrar içselleştirerek kabul etmek.

Dışsallaştırma toplumu oluşturuyor. Yani toplum insanın ürettiği bir üründür. Nesleleştirme sayesinde ise gerçeğe dönüşüyor. İçselleştirilme devresinde ise, bu sefer insan toplumun ürünü oluyor. Yani birey sosyal dünyanın ortak yapıcısı ve böylece de kendinin de yapıcısıdır (Berger, 1973, s.19). Bu sosyal dünya insanlar arasındaki iletişime belli bir düzen ve nizam katıyor. Toplum insanlara düzen, nizam, intizam sunar ve böylece insanların davranış şekillerini ve bireysel bilinçlerini belirler (Berger, 1973, s.8). Yani toplum insanlara bir

---

[6] İçselleştirilmenin teorik terimi için Berger, Mead (1968) ve Strauss'dan (1956) esinlenmiştir.

anlam verir. İnsanlar da zaten böyle bir anlam ve anlamlılık için çabalarlar.

Fakat insanlar hayvanlara göre tamamlanmış olmadıklarından dünyalarını kendileri tamamlamak zorundalardır. Kurmuş oldukları dünya düzenleri hayvanlardaki kadar sağlam değildir (Berger, 1973, s.7). İnsanların kurması gereken düzene Berger 'Nomos'[7] adını veriyor (1973, s.20ff). 'Toplumsal açıdan Nomos terimi; anlamsızlık içerisinde anlam, karanlık ve korkunç ormanda görülen bir ışıktır' (1973, s.24). Yani toplum kişiye özel ve ayrıca da objektif bir Nomos kurma çabasındadır. Sosyal çevreleşme sürecinde objektif Nomos gerçekleşiyor ve toplumun yapmış olduğu deneyimlerle de düzen daha da sağlamlaşıyor. Sözü geçen Nomos insanlara nizam içerisinde ve anlamlı yaşamanın imkanını sunuyor. Yani toplum düzen ve anlamı koruyor. Radikalce toplumdan uzaklaşmak, kişinin (bireyin) büyük bir zarara uğramasına sebeb olur. Toplumdan uzaklaşmak düzensizlik, anlamsızlık ve kişilik bozuklukları getirebilir. Nomos insanı bu tehlikelerden ve belirsizliklerden korur ve hayatına yaşam dengesi verir. Bu nedenle Berger'e göre, toplumun en önemli fonksiyonu hayata bağlayıcı bir anlam katmaktır (1973, s.22).

İşte bu anlamı Luhmann şöyle değerlendirmektedir: 'Eğer anlamsızlığı veya anlamlığı kavramak istiyorsak ilk önce bu iki kelimeyi tanımlayan bir kriter seçmemiz gereklidir' (1995b, s.11). Kişiye

---

[7] Berger 'Nomos' terimini Durkheim'in 'Anomie' (1973) teriminden esinlenerek üretmiştir.

yönelik sorularda bu çok kolay. Fakat toplumsal kararlarda öyle değildir. Tam bu noktada dine önemli bir rol düşüyor. Luhmann bunu şöyle açıklıyor: 'Böyle bir durumda dinin fonksiyonu karmaşıklıkları düzenleyip, onları kullanılabilecek bir düzeyde belirlenebilir bilgiye çevirmektir' (Luhmann, 1995b, s.12). Yani kısacası dinin fonksiyonu, karışıklığı (belirsizliği) belli bir açıklığa (belirliliğe) kavuşturup, hayatın ve yaşadığımız dünyanın karmaşıklığını azaltmaktır. Berger'in terimleriyle dinin fonksiyonu dünyayı inşa etmek (1973, s.28). İnsana anlam veren bir düzen kurmak, yani bir Nomos oluşturmak. Böylece din, anlam taşıyan, psikolojik ve sosyal fonksiyonları olan bir sistemdir ve toplumsal gerçekliğin inşa ve meşruiyetinde önemli bir rol üstlenir. Din insanları kapsamlı ve objektif bir gerçeğe bağlar ve mana sunar (Berger 1965; Berger, Luckmann, 1970). Sözü geçen mana ancak iletişimle (Luhmann, 1998, s.138) kurulur ve genelde insanları etkileyen karizmatik bir liderle ortaya çıkar.

Max Weber'e göre karizma kişinin kalitesini ifade eder (1995, s.271ff; 1980, s.245ff). Doğa üstü, insanlık üstü, sıradışı, herkes için erişilebilinir olmayan ve taraftarları tarafından tanrı'dan seçilmiş veya örnek olarak görünen ve lider olarak tanımlanan şahsiyetler karizmatiktir. Bu belirli özelliklere sahip karizmatik önderler her türlü sosyal yaşam alanlarında bulunabilirler. Önderlerin farkı sadece önemli sosyal değerleri kendilerine çekmek değil, aynı zamanda kendileri değerleri temsil ediyorlar ve topluma yansıtıyorlar. Böylelikle önderler, mensuplarına bir anlam ve mana verebiliyorlar. Bir cemiyetin karizmatik lideri, mevcut sosyo-kültürel standartlar hakkında yeniden düşünmeye sevk edebilir. Böyle bir lider tarihdeki devrimci güçtür. Zaten ihtilaller, sosyal devrimler ve toplumsal değişiklikler sıradışı gözüken ve kahraman olarak algılanan karizmatik bir lideri gerektiriyor (Lipp, 2003, s.45). Bu kahraman, çoğunluğa yeni bir sosyal kimlik verme çabasındadır (Lipp, 1985 ve 1994) ve mensuplarından gördüğü ortak destek sayesinde karizma elde eder. Ancak zamana bağlı olan karizmatik cemaatler rutinleşmeye mahkumdurlar (Weber, 1995, s.271ff). Bu durum araştırmamızda büyük bir rol alacaktır.

Ağlaşma

20′inci yüzyılın başlarında Simmel (1908) toplumsallaşmanın değişik formlarını dile getirmiştir. Bu araştırmaları bugünkü ağlaşma analizlerinin başlangıcı veya temeli olarak değerlendirebiliriz. Sosyal Antropoloji de, özellikle ingiliz kaynaklı olan, bu bağlamda 20′inci yüzyılın ortalarında ağlaşma teorisine büyük katkıda bulundu (örneğin Fortes, 1949). Ağ (network) kelimesi de ingiliz sosyal antropolog Alfred R. Radclife-Brown tarafından ortaya konmuştur. Fakat bu güne kadar bazı teoriler, mesela instrumentalizm (Braun, 2004; Gould, 1993), determinizm (Watts, 2004; Urry, 2004), ilişkisel yapılandırmacılık (White, 1992 ve 1993) ve sistem teorisi (Tacke, 2000; Teubner, 1993; Fuchs, 2001) bu konuyu ele alıp tamamlaştırmaya çalışsalar da, teori tamamlanmış değildir (Holzer, 2006, S.73ff).

Ağ teriminin değişik anlamları olmasıyla beraber (Dehnbostel, 2001), genel olarak ağ birbirleriyle bağlı olan ve aynı hedefleri olan aktörlerden oluşuyor. Belli bir

19

sistem ağı içinde ekonomik faaliyetlerin iş tahsisinin sonucudurlar (Staber, 1999, s.58; Johanson, Mattson, 1987). Ağ terimi resmi olmayan, yönetilen bir üyelik sistemine bağlı olmayan, tanışmayla ve belli birlikteliklerle (mesela göç hikayesi) bir araya gelen dernekler için de kullanılır (Becker, 2004, s.316). İş birliği, birbirine bağlı ilişkiler, güven, ortak değerler, hedefler ve istekler ağlaşmanın meydana gelmesinin ilk temelleridir (Jütte, 2002, s.23). Yani ağlaşma terimi, bir sistemdeki sosyal farklılaşmaları ve insani ilişkileri açıklamak için kullanılabilinir (Hartfiel, Hillmann, 1982, s.537). Bahsi geçen ilişkileri Granovetter (1973) weak ties, yani zayıf ilişkiler, ve strong ties, güçlü ilişkiler, diye ikiye ayırmıştır. Bunu aşağıda daha açık aydınlatacağız.

İçinde yaşadığımız modern dünya karmaşık ve çok perspektiflidir. Çevre ve sistemi komple görmek ve olanları anlamak imkansız olduğu gibi, olacakların da önceden tahmin edilmesi imkansızdır (Sydow, Windeler, 1999, s.1). Bu yüzden modern dünyanın bireyleri hayatı kolaylaştırmak için farklı yöntemlerle sosyal çevrenin karmaşıklığını, belirsizliğini ve olasılığını azaltma çabası içerisindelerdir. Böylece, sosyal dünya 'dağınıktır'. 'Bir an geliyor, sanki neredeyse herşey belirlenebilir ve beklenebilinir gibi oluyor, bir an sonra ise düzensizlik ve karmaşıklık ile karşı karşıya kalıyoruz' (Holzer, 2006, s.81; White, 1992). Bu yüzden beklentilerin tahmin edilebilinmesi için onları kontrol altına almak gerekir. Luhmann, beklentiler ile ilgili çifte ihtimal kavramını kullanıyor. Buna göre herkes diğerinin beklediği gibi hareket edebilir – yada başka türlü. Ve ikisi de diğerinin bunu bildiğini ve beklediğini düşünür (Luhmann, 1984, s.148). Kısacası asıl olay beklentileri kontrol altına alabilmek ve beklenmedik davranışları azaltmak. Bu noktada ağların rolü çok önemli.

Castells (2001) bugünün toplumuna 'Network Society', yani ağ toplumu adını veriyor. Onun görüşüne göre ağlar bazı işlemlerin fonksiyon ve sonuçlarını değiştirebilmekte ve farklı toplumsal tartışmalara girebilmekteler (2001, S. 527). Özellikle internetin sağladığı global ağlaşma sayesinde heryerde yerel ve uluslararası ağlar bulmak mümkün. Holzer'e göre ağlar kesinlikle tesadüfen oluşmuyor; bilinçli ve çoğu zaman ihtiyaca binaen oluşuyor (2006, s.5). Bireyler ve organizasyonlar bilinçli olarak ağları arıyorlar.

Ağlar için sosyal ilişkiler çok önemli. Bu ilişkilerin sebebleri ve süreleri çok farklı olabilir. Bütün farklılıklara rağmen hepsini sosyal ilişkiler kavramında toplamak mümkün. Weber sosyal ilişkileri, bir çok kişinin karşılıklı birbirlerine ayarlanabilir ve böylece yöneltilmiş davranışlar sergilemesi olarak tarif ediyor (Weber, 1980, s.13; Holzer, 2006, s.9). Yani aktörlerin davranışları da sosyal ilişkinin içerisindedir (Granovetter, 1992). Sosyal ilişkiler stabil ve beklenilen bir ilişki modeline girdikleri an, ağlaşma teorisi için önem kazanırlar (Holzer, 2006, s.9).

Karşılıklılık sosyal ilişkilerde önemlidir. Çünkü karşılıklık ilişkileri ayakta tutar ve devamlı kılar. Bunun nedeni tarafların karşılıklı alışverişe girmesidir. 'Ön ödemeye' bir 'karşı ödeme' beklentisi oluşur. Fakat bu beklentinin temeli güvendir.

21

Max Weber modern toplumu zorunlu bir güven toplumu olarak adlandırıyor (1988, s.470). Yaşama standartları karmaşıklaştıkça ve zorlaştıkça güven dolu ilişkiler de önem kazanıyor (Grunwald, 1995, s.73). Simmel (1992, s.393) güveni, bilmek ve bilmemek arasında bir durum olarak tarif ediyor. Çünkü herşeyi bilenin güvenmeye ihtiyacı yoktur, hiç bir şeyi bilmeyen de güvenemez bile. Güven bir sosyal ilişkinin düzgün çalışması için anahtar rolündedir. Güven karmaşıklığı azaltan bir mekanizmadır (Luhmann, 1973, s.1) ve karmaşık gerçekleri tahminden, otoriteden ve müzakareden çok daha çabuk ve ekonomik[8] bir şekilde azaltır (Powell, 1996, s.226). Çünkü güven sosyal aktörler arasındaki iletişimi hızlandıran ve kolaylaştıran bir şifredir (Bachmann, 1999, s.110). Tabii ki güven duymak riski tamamen yok etmez, fakat sosyal iletişimi mümkünleştiriyor. Sonsuz karmaşık bir dünyada güven duygusu, bazı riskli problemlerde çözüm yolu gösterir, çünkü belirsizliği azaltır. Gelecek, bize bugün beklediğimizden daha çok imkanlar sunmaktadır. Bu nedenle belirsizlikler içinde kararlar veririz. Fakat güven duygusu bize gelecekte olacakları tahmin edebilme imkanı sunar. Buradaki hedef, beklenmedik davranışları azaltmaktır. Yani bu geleceğe bağlı bir durumdur. Güven için gerekli olan bilgiler ise geçmişe dayanır. Onun için güvenebilmek için asgari ölçüde içtenlik gereklidir. İçtenlik ise sürekli tekrarlanan iletişim ve irtibat ile oluşur (Ripperger, 1999, s.267). Güven eksikliği de hareket etmeyi, birşeyler yapmayı önler (Luhmann, 2001,

---

[8] Güvenin 'masrafları' ağırlıklı olarak güveni sağlarken oluşan bilgi ve teşvik masraflarından ve sadece başlangıçta oluşuyor (Ripperger, 1999, s.275).

s.158). Bir grub ne kadar birbirine benzerse (mesela etik, coğrafi, ideolojik veya profesyonellik açısından), o kadar güven duymak ve işbirliğine girmek kolaylaşır. Çoğu zaman da bilgi alışverişi ortak değerleri oluşturur, insanların beraberlik ve birliğini pekiştirir ve böylece güven duygusunu otomatik olarak arttırır (Powell, 1996, s.254-256; Buckley, Casson, 1988). Coleman'a (1990; Preisendörfer, 1995, s.270) göre güven duygusu kredi vermeyi andırıyor. Güven, bir kararın sonucu ve karar rasyonel bir hesabın sonucudur. Bu karar da üç farklı etkene göre şekilleniyor: Kazanma şansı, olası kâr ve olası zarar[9] (Coleman, 1991, s.127). Bu yüzden güven duygusu avansa bağlı ve beklentiler beraberinde getiriyor. Bu durumu geleceği tanımlamayabilek ve varsayabilmek için başkalarının davranışları hakkında bahis oynamak olarak da değerlendirebiliriz (Sztompka, 1995, s.255ff). Fakat varsayımlar emin bir olanak olmadığı ve beklentilerin tersi gerçekleşebileceği için, Luhmann güven hissini 'riskli yatırım' olarak tanımlıyor (1979, s.24).

İletişim içerisindeki her kişiye güvenilmez. Bu yüzden güvensizliği yok etmek gerekir. Dolayısıyla analizimize bir başka faktör daha eklemek zorundayız: 'Seçici olmak ve Ayırmak'. Kişisel güveni geliştirebilmek için kapasiteler ve bunu yapma ihtiyacı sınırlıdır. Bu yüzden kişisel ağlar, özel bir çevre oluşturarak ve bazı kişileri diğerlerinden ayırarak sosyal karmaşıklığı azaltan bir mekanizma halindedirler (Holzer, 2006, S. 13ff). Yani ayırmak bu durumda çok

---

[9] Coleman'ın formülündeki değişkenleri belirleyebilmek şüpheli: P * G > (1-p) L

23

önemli bir etkendir, çünkü birincisi herkes ile irtibata geçme imkanı yok ve ikincisi tanıdığımız insanların bilgilerine yabancılarınkinden daha fazla güveniriz (Powell, 1996, s.225).

Sosyal bir ilişkide karşılıklılık ve güven varsa eğer, bunları bazı hedeflere ulaşmak için kullanmak mümkün. Aktörler bu şekilde bulundukları ağlardan sosyal dayanışma elde edebilirler (Jansen, 2003, s.11). Bu ilişkiler onlar için sosyal sermaya halini alır. İletişim ağında desteğe, yardıma ve maddi ve manevi kaynaklara ulaşımı sağlıyorlar, hatta kolaylaştırıyorlar. Böylece başka ihtimal dışı hareket olanakları açılır (Holzer, 2006, s.14). Bourdieu sosyal sermayeyi, karşılıklı bilmeye ve kabul etmeye bağlı olan az ya da çok kurumsallaşmış ilişkilerin meydana getirdiği kalıcı bir ağın tüm mecvut ve potansiyel kaynakları olarak tanımlıyor (Bourdieu, 1983, s.190ff). Yani sosyal sermaye aktörlerin davranışlarını kolaylaştırıyor (Coleman, 1988, s.97; Pappi, 1987). Sermayenin kendisi giriş noklarında belli oluyor[10].

Bir ilişki ne kadar güçlü olursa, o kadar faydalı olur beklentisinin aksine Granovetter (1973) araştırmalarında, zayıf ilişkilerin (weak ties) güçlü ilişkilerden (strong ties) daha karlı olduğunu göstermeye çalışır. Zayıf ilişkiler davranış imkanlarını çoğaltır çünkü kendinde olmayan veya ulaşılamayan bilgilere kapı açar. Güçlü ilişkiler dediğimiz, sürekli irtibatta olunan kişiler ile oluşur, örneğin arkadaşlar veya akrabalar gibi. Hep aynı kişiler ve aynı bilgi kaynakları bizim davranış

---

[10] Giddens'in (1990, 1994) 'access points' terimiyle benzerlik var.

şeklimizi kısıtlar. Holzer (2006, s.17) bu ilişkilerin özelliklerini dörde ayırmıştır: ilişkinin süresi ve sıklığı, duygusal yoğunluk, samimiyet ve birbirinden hizmet alışverişi. Bu özellikler ne kadar zayıf olursa, yeni bilgiler edinmekte ilişkiler daha etkili olur. Bu zayıf ilişkiler farklı ağlar arasında köprü oluştururlar ve bu şekilde birbirlerine farklı olan insan gruplarını biraya getirirler (Wegmann, Zimmermann, 2003, s.253). Üçüncü şahıslarla temas kurarlar. Bu yüzden bahsi geçen ilişkiler belli hedefler için aktif olur[11]. Yani şahısların kendileri sermayedir ve anahtar olarak hizmet görürler (Holzer, 2006, s.20). Bu irtibatları ayakta tutmak ve beklenebilir hale getirmek gerekir (Holzer, 2006, s.84). Zaten her zaman için tanımadığınız kişileri tanıyanları tanımak yararlıdır (Luhmann, 1995a, s.251).

İlişkiler bu sayede bir adres oluşturur. Fakat sadece kişiler değil, resmi organizasyonlar da modernitede adres olarak geçerlidir. Yaşadığımız modern toplum çok sayıda ve çeşitli potansiyel adreslerden oluşur, yani sosyal karmaşıklık daha çoktur (Holzer, 2006, s.99). Tacke (2000) bu konuda 'ilk adres'lerden bahseder ve misal olarak kişilerin buluşabildiği sosyal mekanları örnek verir. Buna göre çalıştaylar, forumlar ve toplantılar organize edilmiş sosyal mekanlardır. Bir ilişkinin adres olması için, sosyal ilişkilerde konuşabilme imkanı oluşması gerekiyor, yani adres iletişim ile oluşturulması gerekir. O zaman yukarıda bahsedilen giriş noktası haline gelir. 'Konuşmak' yeni bilinmeyen

---

[11] 'Arkadaşın olması güç demektir' (Hobbes, 1651, s.54), 'Arkadaşların arkadaşları' (Boissevain, 1974) ve 'Arkadaşımın arkadaşı benim arkadaşımdır'.

25

imkanlar sunar (Wagner, 2006, s.237). Bu nedenle ilişkiler bir çok olanak sağlarlar. Çünkü bireylerin arasına hep yeni yeni insanlar katılır ve böylece de yeni bilgilere ulaşılır.

İlişkiler sayesinde bireylerden veya gruplardan oluşan bir sosyal ağ kurmak mümkün (Holzer, 2006, s.73). Organizasyonlar veya devletler de bu gruplardan olabilirler. Bu durumda aktörler ve davranışları birbirine bağlıdır. Çünkü aktörler arasındaki ilişki kişilerin başka kişilerle olan ilişkisini etkiler. A ve B'nin ikili ilişkisi, B ve C'nin ve A ve D'nin arasındaki ilişkilere bağlı ve onu etkilemektedirler. Ve üstelik ilişkilerin hepsi de yoğunluk ve bağlantı gibi küresel parametrelerden bağımsız değiller (Holzer, 2006, s.75). Bu ilişkilerde bilgi ve kaynak alışverişi yapılır ve eylem (hareket) imkanları seferber edilir veya engellenir (Braun, 2004; Gould, 1993; Holzer, 2006, s.77). Bu alışveriş ise karşılıklı güven duygusuyla oluşur. Kaynak ve bilgi alışverişi, ağların kurulması için en önemli nedenlerden biri. Özellikle verimli ve güvenilir bilgilere ihtiyaç duyulduğunda, ağlar çok uygundur (Powell, 1996, s.225). Yani ağlarda sosyal bir değiş tokuş gerçekleşir (Fox, 1974, s.70ff). Bu değiş tokuş adeta bir alışveriş oyunu gibi gerçekleşir. Birşey verildiği zaman, verilen kişiden bir karşılık beklenir. Böylece karşıdakinin verebileceğine ilgili olan bir faydalaşma sistemi oluşur. Dolayısıyla sosyal değiş tokuş, bir başkasının ihtiyaç duyduğu birşeye sahip olunduğu zaman gerçekleşir. Bununda olması için öncelikle sosyal ağ'da algılanmak gerekiyor (Gondek, Heisig, Littek, 1992, s.39ff).

Üstelik ağlarda bilgiler oluşur, tartışılır, değerlendirilir ve özellikle yorumlanır. Bu şekilde yeni anlamlar ve yorumlar ortaya çıkabilir (Powell, 1996, s.255). Ağlardan beklenilen diğer avantajlar stratejik avantajlar, belirsizliğin azaltılması, bilgilere daha hızlı erişim, güvenirlik, duyarlılık, bilgi vs. (Powell, 1996, S. 250-252).

Kısacası sosyal ağlar, bireylerin kendi çıkarları için kurulur. Bireyler bilinçli olarak sosyal sermayeye yatırım yapıyorlar ve ağlarda belli makamlarda kendilerine çıkar elde etmeye çalışıyorlar. Ağ içinde bir kişi ne kadar ön planda olursa, onun için o kadar avantajlıdır, çünkü diğer bireyler ağlardaki başka şahıslara ulaşmaları için onunla temasa geçmeleri gereklidir. Bu önemli stratejik konum sayesinde merkezde olan şahıs diğerlerine karşı bir avantaj elde etmiş olur. Bu kişilere, yani ağlardaki sahışları birbirine bağlayan kilit isimlere 'Broker' adı verilir.

Ağ içerisindeki yoğunluk ağlaşma analizi için büyük önem taşıyor. Yoğunluğu tespit edebilmek için, ağlardaki varolan gerçek irtibatlara ve potansiyel irtibatlara bakmak gerekiyor. Bu veri bize ağdaki aktörlerin arasındaki iletişimin ve değişimin sıklığı hakkında bilgi verir. İrtibat yoğunluğu ne kadar fazla olursa, ağdaki dayanıklılık ve işbirliği de o kadar iyi olur. Bir bölgede ne kadar aktör irtibat halinde olursa, o kadar da işbirliği imkanları artar. Ayrıca bir ağın yoğunluğu, yeniliklerin yaygınlaşmasını da ifade eder (Jansen, 2003, s.88; Jütte, 2002).

Ama ağlarda sadece avantajlar değil, tabii ki çözülmesi gereken sorunlar da vardır: sorumlulukların belirlenmesi, uzunvadeli işbirligi için gerekli olan aktörler arası güveni ayakta tutabilmek ve bilgi alışverişinde haksızlıklara karşı gelmek ağların problemlerinden bir kaçı (Staber, 1999, s.58). Mesela bazı bireyler arasında anlaşmamazlıklar olduğu zaman, birini diğerine karşı kullanmak ve böylece ağı kötüyü kullanmak mümkün. Yapısal kısıtlamaların olmaması ve anlaşmamazlıkları kötüye kullanma imkanları olması güç için bir göstergedir (Jansen, 2003, s.163, 192). Eğer ki aktörler birbirlerinden koparsa, en çok sosyal bağlantıları olan aktör belirli kurumsal alanlarda önemli bir avantaj elde eder (Granovetter, 2000, s.214). Bu durumda sadece güvenmek yeterli olmaz. Çünkü yanlış ve aşırı bir güven, aldatma durumunda daha çok kazanç demektir (Granovetter, 1992, s.62). Özellikle sosyal ağlar yolsuzluklara çok açıktır (Wagner, 2006, s.239). Bu yüzden bir çok durumda hiyerarşik bir düzen kaçınılmazdır. Ayrıca çıkarcılığı azaltmak ve güveni çoğaltmak için karar verme mekanizmaları gereklidir (Williamson, 1979, s.242).

Ağlaşma düşüncesi sosyal hareketlerin iletişim ve davranış misyonudur (Wegmann, Zimmermann, 2003, s.253). Bu şekilde gayri resmi destek almak kurumsal destekten daha faydalı ve ucuzdur.

Çocukluk ve gençlik dönemi

Fethullah Gülen 1938 veya 1941 yılında Erzurum'un Korucuk köyünde doğdu. Resmi kayıtlara göre ismi Fetullah Gülen. Doğum yılı tam olarak bilinmemektedir. Devlet verilerine göre 27.04.1941 yılında doğmuş olsada, kendisi, 10.11.1938 tarihinde, yani Atatürk'ün ölümü ile aynı zamanda doğduğunu vurguluyor (Veren, 2016, s.17). Bu durum kendisine farklı bir karizma yüklüyor. Seküler kesime Atatürkün halefi, dindar kesime kurtarıcı mehdi olarak lanse ediliyor (Şahinöz, 2016d, s.6).

Annesi ve imam olan babası, Bitlis'ten Erzurum'a göç etti. Erzurum, sosyo-kültürel olarak, medreselerinde iyi bir din eğitimi alma imkanı olan, muhafazakar ve milliyetçi odaklı bir şehirdi. Gülen kendisini sadece dini bilgilerde değil, aynı zamanda ´modern bilimlerde´ de çok iyi geliştirdi.

Gülen, 1946´da Erzurum İlkokula başlıyor. Kurşunlu Medresesinde 1954´de eğitim alıyor. 1959 yılında eğitimini tamamlayıp Diyanet'e vaiz oldu. Gerçi 15 yaşından beri camiilerde zaten vaaz veriyordu.

1955/1956 yıllarında Kurşunlu Medresesinde Gülen ve medrese hocası Sadi Mazlumoğlu Efendi arasında ilginç bir olay yaşanıyor: ´Alvarlı Efe vefat edince yerine oğlu Seyfettin Mazlumoğlu geçiyor. Seyfettin beyin büyük oğlu Sadi Efendi'de Kurşunlu Medresinde hocalık yapmaya başlıyor. Gülen'de onun öğrencisi. Birgün medresenin önüne jandarmalar geliyor ve Sadi Efendi'nin kollarına kelepçe takarak ilçedeki

29

Gürcü Kapı Karakoluna götürüyorlar. Gözaltına alıyorlar yani. Sadi Efendi'nin başına gelenler bölgede anında duyuluyor ve halk karakolun önüne yığılıyor. Deyim yerindeyse kıyamet kopuyor o gün Erzurum'da. O tarihe kadar böylesi bir hadise yaşanmamış. Hadise kısa bir süre sonra anlaşılıyor. Meğer Sadi Efendi'den şikayetçi olan öğrencisi Fethullah Gülen! Meğerse bizim Gülen, 'zaten benden 5-6 yaş büyüktü' dediği hocasına kızmış ve gitmiş 'Atatürk aleyhine konuşuyor, bu adam Atatürk düşmanlığı yapıyor medresede' diyerek karakola şikayette bulunmuş' (Çakır, 2014). Sadi Mazlumoğlu'nun kardeşi Nakip Mazlumoğlu olayı şu şekilde anlatıyor: 'Ağabeyime olan hadise, Fethullah efendinin o günkü tutumu onun gençliğine mi mal edilir yoksa zihniyetine mi kafa yapısına mı? 'Ne etmiş?' Gürcü Kapı Karakolu vardı. Şikayet etmiş. Demiş ki 'Hoca Atatürk'ün aleyhinde konuşuyor. Tabii polis gelip medreseden alıp götürmüştü. O gün orada jandarma olarak görev yapan Memduh efendi vardı. Hacı Salih Efendi vardır Erzurum'lu onun oğlu. Onun yardımıyla karakoldan çıktı. Hadise buydu. Bundan sonra kapandı gitti. Yani fazla üstüne biz varmadık. Ama mesele bizi üzdü. Ben de hadisenin içindeydim. Götürdüler karakola sonra bıraktılar. Üzüldük tabii. Niye bu şekilde. Ben de şimdi diyorum o günkü zihniyet bu muydu yoksa sonunda mı değişti bu zat ya. Böyle bir şeye girişti, geçici ben öyle yorumladım ama değilmiş demek. Kafasında bu zihniyet varmış görüşü, düşüncesi bu şekildeymiş ama dışarıya vurmamıştı şimdi vurdu.' (Yeni Şafak, 24.03.2014). Nakip Mazlumoğlu, Fethullah Gülen'in 'Küçük Dünyam' kitabı için yapılan röportajlarda Said Mazlumoğlu ile ilgili yanlış bilgiler verdiğini de dile getiriyor: 'Gülen'in hocasına karşı yaptığı davranış sonucunda medreseden atılmak zorunda kaldığı halde meseleyi -ki Erzurum'da neredeyse infial yaratmasına rağmen, biz gençliğine, cahilliğine verip affetmeye çalışmıştık- yıllar sonra kendisini anlattığı kitabında bu kez de medreseden sanki kendisi ayrılmış gibi anlatmış. Ayrıca ayrılma sebebini de çok sinsice Sadi Efendi'nin tecrübesizliğine ve saflığına ve aralarındaki anlaşamazlığa bağlamış.' (Çakır, 2014). Daha sonra Nakip Mazlumoğlu'nun talebi üzerine Gülen'in kitabında Said Mazlumoğlu ile ilgili bölümler düzeltilmiş (Erdoğan, 2016, s.23).

1961'de 24 aylığına askere gitmişti. Askerliğinin 10 ayını izinli olarak dışarıda komünizm'e karşı vaazlar vererek ve dernekler açarak geçirdi. NATO tarafından 2. Dünya Savaşından sonra komünizm'le mücadele için kurulan gizli örgüt Gladio'nun bu dönemde Fethullah Gülen ile irtibata geçtiğini, en azından ilgilerini çektiğini düşünmek mümkün. Fethullah Gülen'in modern bir "Lawrence" olduğu iddiaları, yani başından beri istihbaratlar tarafından görevlendirilip içeriğe sokulduğu, tüm verilere göre dayanaksız bir iddia. En doğrusu Gülen'in istihbarat işlerine merakından dolayı, kendini istihbarat örgütlerine kullandırması ve kendi düşüncesiyle kendisinin istihbarat örgütlerini kullanması.

Genç Gülen kısa zamanda İzmir etrafındaki camiilerde tanınan ünlü bir vaiz idi. 1966'dan 1971'e kadar İzmir'in Merkez Vaiizi idi. Aynı zamanda 'İmam Hatip ve İlahiyata Talebe Yetiştirme Derneği', yada meşhur ismiyle Kestanepazarı Derneğinin müdürlüğünü yapıyordu. Gülen, camiden camiye gidiyordu. Vaazları, sadece akıl'a değil, aynı zamanda dinleyicilerin kalbine de hitap ediyordu.

60'lı yıllar Gülen için önemli bir zamandı. En parlak zamanıydı. Destekçi kitlesi daha da büyüyordu. Vaaz'ları kasetlere kaydedilip, dağıtılıyordu.

Yine bu senelerde meşhur ´Kur´an Fırlatma´ olayları gerçekleşti. İskenderun´daki olayın canlı şahidi Süleymancı cemaatinden emekli vaiz Hilmi Türkmen gördüklerini anlatıyor: ´İskenderun'da askerlik yaparken ben de orada vaizdim. Bir gün benim de bulunduğum camide vaaza çıktı ve orada millete Kuran-ı Kerim'in kıymetini bilmedikleri yolunda nasihatte bulunurken o mukaddes kitabı 'Siz işte böyle yaptınız!..' diyerek kürsüden atmış, (bu vaka daha sonra Salihli'de de cereyan etmiştir) ve cemaat arasında büyük bir galeyan meydana gelmişti. Milleti zorla yatıştırdım. Fethullah'ı alıp evime götürdüm. Genç ve tecrübesiz olduğunu düşünerek nasihatlerde bulundum kendisine´ (Mısıroğlu, 2012, s. 325). Aynı olay daha sonra 1979 yıllarında Manisa-Salihli´de yaşanıyor. Söyleşi[12] yaptığımız H. M. anlatıyor: ´İlçemizdeki bir camiye cuma vaazına gitmişti. Vaazında ´Ona, yani Kur'ana, üzüm çuvalı kadar, pamuk çuvalı kadar değer vermediniz. Kur'anı yere düşürdünüz´ dedikten sonra ´İşte ben de onu atıyorum´ diyerek Kur'anı kürsüden yere fırlatması. Süleymancıların da ´Bu adamın katli vaciptir´ demelerini, olaya şahit olan R.B. ve o ilçedeki arkadaşlardan, bizzat işittim. Çünkü ben o gün, bir arkadaş grubuyla, Tire'de vücudunda yaralar

---

[12] Şahinöz, 2009, 2018 ve 2019 kitapları için birçok kişiyle söyleşiler yapıldı.

çıkıp her tarafını kaplayan, namaz kılarken vefat eden rahmetlik Kemal abinin cenazesinde idim. Sungur abi de oradaydı. 'Fethullah Hoca Salihli'de cuma namazı öncesi vaaz veriyor, kısa zamanda buraya gelecek, onu bekleyeceğiz' laflarına bakmadan, belli süre sonra da gelmemesi üzerine, oradaki çoğu Nur Talebesi olan insanların daha fazla beklenemez diyerek cenaze namazını kıldığına şahit oldum' (Şahinöz, 2018, s.110). Başka bir şahit de Salihli olayını anlatıyor: 'O olaya ben de şahit oldum... Yanılmıyorsam 1979 yılıydı... Karaman Camii'nde oturmuş, Fetullah Gülen'in vaazını dinliyorduk... Gülen, bir an, öyle bir cezbeye kapıldı, öyle heyecanlı sözler sarfetmeye ve öyle öfkelenmeye başladı ki; camide kendini dinleyenleri azarlamaya başladı... O cezbe haliyle de; 'Siz bu Kitap'ın hükümlerine uymuyorsunuz!.. Siz bu Kitap'a kulak vermiyorsunuz!' diyerek, elindeki Kur'an-ı Kerim'i kürsüden yere fırlattı!..' (Karakaya, 27.10.2014).

Gülen'in Paralel Nurculuk Hareketi

Gülen, Risale-i Nur ile tanışıklığını, 1956/1957 yıllarında, Mehmet Kırkıncı, Osman Demirci ve Muzaffer Arslan aracılığıyla yapmıştı. İlk dinlediği ders Hücümat-ı Sitte dersi idi. Bu ders kendisine gençlik heyecanı vermiş ve risaleleri çok orijinal bulmuşdu. Gülen'e Nurculuk Hareketinde ara sıra küçük 'görevler' veriliyordu. Ama vaazlarında Nursi'den söz etmiyordu. Devletin memuru olarak görev yaptığı için, bundan çekiniyordu.

Kendi ifadelerine göre Nurcu'ların dindarlığını beğeniyordu. Özellikle, Muzaffer Arslanın bir sahâbe hayatı sürdüğü ve onun sadeliği ile samimiyeti Gülen'i çok etkiliyordu. Onları görünce, aradığığı insanların bunlar olduğunu ve onlardan hiç bir zaman ayrılmak istemediğini söylüyor (Erdoğan, 1995, s.45; Agai, 2004, s.130). Bir vaazında da o günleri dile getiriyor: 'Hazreti Üstad'ın etrafında ilk safı teşkil eden insanların onu ve gaye-i hayal bildiği hakikatleri çok güzel temsil etmiş olduklarına inanıyorum. O insanlardan biri Hazreti Pîr'in, 'Şark'ı bir dolaş gel' demesi üzerine Erzurum'a da uğrayan Muzaffer Arslan'dı. Onu gördüğüm ana kadar hem babamın anlatmalarından hem de okuduğum kitaplardan dolayı içimde ciddi bir sahabe sevgisi oluşmuştu ama Ashab-ı Kiram'ın yaşadıkları hayatın artık bir ütopya gibi olduğuna dair düşünceler içerisindeydim. Merhum Muzaffer Arslan'ı görünce, onun bir sahabe hayatı yaşaması, sadeliği ve samimiyeti bana çok tesir etmişti ve 'Meğer ütopya değilmiş, işte aradığım insanları buldum" demiştim. Merhum'un soba borusu gibi olmuş pantolonunun iki dizi de yamalıydı.

34

Ceketi de işte ona göreydi. Fakat bu sadelik bana apayrı duygular ilham etmişti. Ayrıca ibadette derinlik vardı; namaz kılışları, dua edişleri bana bambaşka görünmüştü [...] Saff-ı evveli teşkil eden o bir avuç sâdık insan, Allah'ın sâdık kulunun sâdık dostlarıydı. İşte o sâdıklar, kendisine fevkalade makamlar verilmesini değil sadakat ve vefa gösterilmesini bekleyen Allah'ın sâdık kuluna candan sahip çıkmış, birer vefalı talebe olarak çok güzel bir temsil sergilemişlerdir' (Risale Haber, 12.12.2011).

Nurcu'ların gelenek ile modernliği, dini ilimler ve bilimi birleştirme fikri, Gülen'i cok etkilemişti. Ama o kendini bu cemaat ile sınırlamak istemiyordu. Nurculara ne kadar çok bağlandıysa, bazı kendi fikirlerinden o kadar çok uzaklaşmak zorunda kalmıştı, çünkü Nurcu'ların fikirleri ile bir uyuşmazlık içinde idi. Buna ek olarak, bir Nurcu yanlısı olduğu için, devlet ile sürekli problemler yaşıyordu. Zaman zaman ya cezaevine gitmek zorunda kalmıştı, yada vaiz olarak yaptığı faaliyetlerden uzaklaştırılmıştı. Aynı zamanda Nurcular, kendi görüşlerine uymadığı gerekçesiyle bazı hareketlerini eleştiriyorlardı.

Gülen'in ve bazı saygın Nurcuların büyük görüş ayrılıkları vardı. Gülen iki sandalye arasında kalmıştı. O ne Nurculardan ayrılmak ne de devlet ile bir kavga içerisinde bulunmak istiyordu. Daha da önemlisi, eğitimin nasıl yapılmasına dair kendisine göre farklı bir fikri vardı. Nurcular ile gerçekleştirmesi mümkün olmadığı pek çok fikir ve projeleri vardı. Özellikle onun, hizmet'in nasıl yapılmasına dair görüşü, Nurculuk Hareketinin anlayışına uymuyordu. Gülen'e göre hizmet yapmanın en mantıklı yolu, okullar açmaktı. Yine kendi ifadelerine göre, eğitim ve kültürü hedef alan hizmeti daha mantıklı gördüğü için, himmet yapan kişileri elinden geldiğince bu yöne çekmeye çalışıyordu (Gülen, 1997, c.1, s.36; Agai, 2004, s.232).

Bu nedenle okullar ve eğitim kurumları yapmak için gayret etti. Bunu ise, maddi yardım toplayarak yapıyordu. Gülen, zengin insanların bile, yalnız olduklarında fazla bağışlamakta istekli olmadıklarını fark etmişti. Bu yüzden, daha fazla para toplamak için, katılımcı sayısı yüksek toplantılar düzenliyordu. Bu yöntem tutmuştu ve yandaşları tarafından bugüne kadar uygulanan bir yöntem haline gelmişti (Agai, 2004, s.140). Ancak 'Nurcu Düsturu' para toplamayı yasaklıyordu. Hatta kendi cemaat'inden para toplamayı, gönüllü olarak verilmediği sürece yasaklamaktadır. Ama Gülen'in yöntemi, yurtlar, eğitim kurumları veya özel okullar için çok para toplanmasını sağladı. Karizması sayesinde insanları bunun için teşvik ve seferber edebiliyordu. Bu durum ise Nurcular arasında anlaşmazlıklara sebep oluyordu.

Gülen, Nurcu'lara katılımına paralel olarak kendi ağ'ını kurup, Risale-i Nur hareketinin fikirlerinden gittikçe uzaklaşıyordu. Gülen'in yalnızca Nurcu gruplarla degil, birçok başka gruplarla da ilişkisi vardı, özellikle de Türk-İslam sentezini[13] destekleyenlerle. Zamanla, çoğunluğu zengin girişimcilerden oluşan ve 'İzmir

---

[13] Fethullah Gülen hayatı boyunca İran'ı eleştirmiştir, fakat İran Şiiliğinin kendi yapısıyla bir çok benzer noktaları var. Ayetullah, imamet, günahsızlık, masumiyet, humus, mehdi, takiyye, Haşhaşi metodu gibi Şiilikte var olan unsurları Gülen Hareketinde de bulmak mümkün.

Cemaati´ olarak bilinen, belirli bir destekçi kitlesini etrafında toplamıştı. Kendi fikirlerini ise tüm Türkiye'ye kaset kayıtları ile yayıyordu. Bu Gülen'in popülist bir hareketiydi. Bu davranış da Nurcu'ların anlayışına uymuyordu. Artık ayrılık kaçınılmaz olmuştu.

Kendisinin cemaat'ten ayrılışı ile birlikte, bugün Gülen Hareketi, FETÖ veya sadece ´Cemaat´ olarak tanınan ve Risale-i Nur hareketiyle, ne örgütsel nede işlevsel, hiç bir yapısal benzerlikleri bulunmayan ayrı bir hareket ortaya çıkmıştır. Ancak ikisinin de Risale-i Nur eserlerine vurgu yaptığı ve Gülen kısa süre[14] de olsa Nurculuk Hareketi içinde bulunduğu için, çoğu zaman halen Risale-i Nur hareketinin içerisinde diye tanınıyor.

---

[14] Kısa süre olmasına rağmen Nurcularla sürekli çatışma halindeydi.

Nurculuk Hareketinden ayrılma noktaları

Bu bakımdan, ayrılığın kırılma noktalarına bir bakalım. Öncelikle Gülen, devlet'in bir çalışanıydı. Kendisi, devlet'in dini otoritesi olan Diyanet'in bir vaiz'iydi ve o günlerde Nursi'nin eserlerinden uzak durmalıydı. Bu sebepten dolayı ise, 1960 yılındaki askeri darbeden sonra ilk kez, eserleri okuduğu için mahkemeye çıkarılmıştı, ancak beraat etmişti.

Gülen Türkiye'nin her yerinde vaaz vermeye devam ediyordu. Ancak vaaz'larında asla Said Nursi'den veya eserlerinden bahsetmiyordu. Sık sık, kaynak belirtmeden, Risale'deki konular hakkında konuşuyordu. Said Nursi'nin ismini ise farklı şekilde veriyordu (Şahinöz, 2006). Aynı zamanda, siyasi gelişmeler hakkında yorum yapıyordu. 60'lı yılların sonlarına doğru, kendisinin kaynakları gizlemesi ve Nurculuk Hareketinin fikirlerinden gittikçe uzaklaşması yüzünden, 'yeni' bir hareketten söz ediliyordu.

Ayrılığın ilk önemli işareti 1971 yılında gerçekleşti. 12 Mart 1971 ikinci askeri darbesinden sonra, 53 Risale-i Nur okuyucusu tutuklandı. Tutukluların 51'i, hareketin destekçisi olduklarını itiraf ettiler. Aralarında Nursi'nin meşhur avukatı Bekir Berk de vardı. Fethullah Gülen ve Mustafa Birlik ise Nurculuk Hareketi ile bağlantılarını inkar ettiler. Gülen, Risale-i Nur'un bir takipçisi olarak değilde, sadece kısmen ve vaiz rolünde iken okuduğunu vurguladı (Erdoğan, 1995, s.137ff). Bekir Bekir hem bu olaydan hem de başka olaylardan dolayı Fethullah Gülen'e tepki vermiştir.

İlginçtir ki, Gülen'in böyle demesine rağmen en yüksek cezaya mahkum edilir. Burada ilk defa Gülen'in, Nurculuk Hareketi ile ilgili resmi pozisyonu görülüyordu. O zamanlar mahkumları ziyaret eden biri söyleşide olayı şu şekilde hatırlıyor: *'Bizim için anlaşılmazdı. Gülen'in, neden bizimle bir ilgisi olduğu gerçeğini gizlemesini anlamıyorduk. Hatta ben onunla konuşmaya çalıştım, ama o çoktan karar vermişti bile. Konu hakkında konuşmak istemiyordu'* [R.B]. Mehmet Fırıncı ekliyor: *'Fethullah Hoca, 12.3.1971 tarihindeki hadiseden sonra bizden ayrıldı. Çalışmalarını kendi grubunda derinleştirdi. [...] Hem yurtsever hem de dinine bağlı olan birçok zengin onu destekliyordu"* [M.F] (Şahinöz, 2018, s.113). Bu destekler sayesinde Gülen, ağını genişletmek için kaynaklara ve araçlara sahip olmuştu.

Ancak bunun nihai ayrılık olduğu, o sırada tam olarak fark edilmemişti. Gülen'in, kendi pozisyonunu ve ağını kaybetmemesi için, harekete olan ilişkisini gizlediği inanılıyordu. Fakat çatlaklıklar devam ediyordu ve derinleşiyordu.

Söyleşi yaptığımız H.M. o yıllardaki bir hatırasını anlatıyor: *'Bekir Berk ağabeyle İzmir'de bir otelde kalmış, sabah erkenden de Tireli Kemal ağabeyin arabasıyla Aydın mahkemesine gitmiştik. Otele giderken Bekir ağabey Güzelyalı semti tarafında bir eski tarz evin önünde durmuş, bu eve belki ziyaret için giren Bekir abiyi biz R.B. hocam ve şöför abiyle yarım saate yakın beklemiştik. Bekir abi dönünce barut gibiydi. Omuzlarımız yumruklar savurdu.. Sorunca 'Bu Fethullah Gülen farklı, Risale-i Nur tarzı yok bunda' gibi laflar söylemişti. Biz o zaman Fethullah Güle'nin gizlice orada ikamet ettirildiğini anladık'* (Şahinöz, 2018, s.114).

Nurculuk Hareketinden nihai ayrılık 1974 yılında gerçekleşti. Gülen tarafından düzenlenen bir gençlik kampına, devlet karşıtı propaganda yaptığı şüphesiyle baskın düzenlendi. Bu olay ertesi gün 'Yeni Asya' gazetesinde 'Nurcu Kampı basıldı' başlığı altında yayınlandı. Gülen'in bu haber üzerine kırgınlığı o kadar büyüktü ki, Mehmet Kutlular ve Mehmet Kırkıncı onu ziyaret etmişti. Oradaki konuşma aşagıdaki gibi geçmiş (Aköz, Atal, 29.12.2004):

Gülen: 'Neden 'Nurcu Kamp'ı' olarak adlandırdınız?'

Kutlular: 'Biz sizi Nurcu diye biliyoruz.'

Gülen: 'Bunu biliyor olmanız, onu yaymak için haklı bir gerekçe olamaz. Ben bu kimliği, geniş bir kitleye ulaşmak için gizliyorum!'.

Gülen, harekete olan bağlılığını, Nurculuk Hareketinin sol kesimde olan olumsuz itibarı nedeniyle, kendi ağının zarar göreceğini düşündüğü için gizliyordu. Hareket içinde ki diğer söylemlerde Gülen, Said Nursi'yi kendi fiil'lerinin kaynağı olarak gösterme fikrinden kaçınmaları gerektiğini düşünüyordu (Agai, 2004, s.183). Böylelikle geniş bir kitleye ulaşılabilir ve devlet provoke edilmemiş olurdu. Belli hedeflere ulaşabilmek için bazı şeylerin gizlenmesi meşru kılınıyordu. Gülen, bu görüşleri yüzünden, Nurcu'ların ağında gittikçe önemsizleşiyordu. Nurcuların için önemini yitirip, Nurcu ağında marjinal bir figür haline gelmişti. Böylece tek çözüm ayrılmaktı.

Ancak bu ayrılık Gülen'in işine yaradı. Nurculuk Hareketi, devlet darbelerini birer birer hissettiği anlarda, karizmatik bir lider olan Gülen, kısa bir süre zarfında vakıflar kurup kendi dergi ve kitaplarını[15] çıkardı. Buna ek olarak, üniversite adayları ve talebeler için dershaneler tahsis etti. Günümüzde, her büyük şehir ve her ülkede bulunan bu dershanelerde talebeler üniversiteye hazırlandırılıyorlar. Tahminlere göre 2013 senesinde Türkiye'deki dershanelerin %20'si Gülen cemaatine aitti. Ancak, o zamanda olduğu gibi, bugün de bu dershanelerde dini eğitim verilmiyor. Gülen ve taraftarları, sadece dini aktiviteler konusunda değil, eğitim konusunda da uzmanlaşmışlardı. Böylece, Gülen Hareketinin ana faaliyeti Risale hizmeti değil, aksine özel derslerdi. Said Nursi ve Risale-i Nur'ların zamanla Harekette hiç bir önemi kalmadı.

---

[15] Gülen kendisi sadece çok az kitap yazdı. Diğer kitaplar vaazlarının transkripsiyonu.

Gülen, Nurcu mu?

Fethullah Gülen'in bir Nurcu olup olmadığı, sürekli tartışılıyor. Gülen kendisi bunu reddediyor (Agai, 2004, s.74, 157; Sönmez, 1999, s.226). Hatta resmi internet sitesinde şöyle yazıyor: 'Bazıları Fethullah Gülen'i Said Nursî'nin müridi olmakla nitelendiriyorlar. Buna cevabımız ilerde gelecektir. Fakat, şu kadarını ifade edelim ki, Said Nursî'yi bir defa olsun bile görmemiş olan Fethullah Gülen, pek çokları gibi Said Nursî'yi okumuş olabilir. Fakat, bir insanı okuma, onun her düşüncesini tasvip etme mânâsına gelmez. Kaldı ki, Said Nursî'yi okuyan sadece Fethullah Gülen olmadığı gibi, bir insanın bir yazar, fikir adamı veya sanatçıdan istifade etmesi gayet normaldir. Fethullah Gülen, Said Nursî'yi okuduğu gibi, daha başka pek çok yazarı, meselâ Shakespeare'i, meselâ Tolstoy'u da okumuştur' (Aydüz, Erdoğan, 2006). Kendi yayın organları olan Aksiyon dergisindeki söyleşide de müslüman olmak dışında hiçbir akıma mensup bulunmadığını ve Nurcu da olmadığını ifade ediyor (Aksiyon Dergisi, 06.06.1998). Nuh Mete Yüksel'in kendisine açtığı davada da Gülen bu konuyu dile getiriyor: 'İddianamede, güya Nurcu ve Said Nursi'nin devamı olduğum ileri sürülmektedir. Bu noktada iddianame, Nurculuk olarak anılan akımı, bana yöneltilen suçlamalar içinde mütalaa etmektedir. Diğer iddialar gibi, bunların da tutarlı hiçbir tarafı yoktur. Çünkü şimdiye kadar, 'ci...cu' gibi değerlendirmelerin dışında hiçbir akıma mensup bulunmadığımı ve dolayısıyla 'Nurcu' da olmadığımı defalarca ifade ettim. Mesela 6 Haziran 1998 tarihli haftalık Aksiyon dergisinin benimle yaptığı uzun röportajda bu hususu çok açık biçimde ortaya koydum ve bu ifadelerimi, Yeni Asya gazetesi 11 Haziran 1998 tarihli nüshasında, 'Fethullah hoca: Nurcu değilim' başlığı altında iktibas etti' (Ankara DGM No:2, Dosya Numarası 2000/124E). 2015'de Gülen hakkındaki soruşturmayı tamamlayan İstanbul Cumhuriyet Başsavcı Vekili İsmail Uçar da, iddianamesinde Nurculuk Hareketi ile Gülen Hareketinin farklı yapılar olduğunu belirtiyor: 'Nurculuk Hareketi ile Gülen Hareketi bir değildir. Bu iddianamenin konusu Nurculuk Hareketi değildir. Gülen, yetiştirdikleri altın nesil gençleriyle devletin içine sızmayı ve bu şekilde devleti ele geçirmenin planlarını yaparak uzun bir yola çıkmıştır' (Sabah, 04.10.2015).

Emre Aköz ve Nevzat Atal ise (06.01.2005), yaptıkları analizden sonra, Gülen'in geleneksel bir Nurcu olmadığı sonucuna varıyorlar. Gülen, yazarlara göre, çalışma şekli, hareketinin yapısı ve hedefleri bakımından Nurcu gruplarından farklıdır. Gülen sadece dini hedefli değil, aynı zamanda türk milleti de odak noktasıydı. Bu, Nursi ve Gülen arasındaki en önemli farklardan biridir. Nursi için, millet ve etnik gruptan bağımsız, müslüman topluluk (ümmet anlayışı) merkezdeyken, Gülen için Türk İslamı yaptıklarının merkezindedir. 'Balkanlardan Çin'e kadar, kendisi Türkiye modeli ile şekillendirilmiş seçkinleri görmek istiyor' (Kristianasen, 1997, s.19). Ayrıca Türkçe dili, okullarındaki en önemli derslerden biridir[16]; hatta o kadar önemlidir ki, Gülen'in okullarından binlerce talebe, her yıl Türkiye'de, kendi düzenledikleri 'Türkçe-Olimpiyatları'na katılmaktadırlar.

---

[16] Okullarında tüm dünyada İslam din dersi ve mescit yoktur. Örneğin Almanya'da devlet okullarında İslam Din Dersi resmi olarak verilebilmekte olmasına rağmen, Gülen Hareketinin okullarında, öğrencilerin çoğunun müslüman olmasına rağmen, yoktur.

Ancak bu devlet odaklı bakış, Amerika Birleşik Devletlerindeki sürgünden sonra, Yavuz'a göre, liberal ve küresel bir perspektife dönüştürülmüştü (2004, s.143). Gülen'i 'en güçlü uluslararası İslami hareketin lideri' olarak tanımlıyor ve cemaatin binlerce ağları olduğunu yazıyor (Yavuz, 2004, s.142). Gülen'in hareketi aynı yazar tarafından 'dini milliyetçilik' (2004, s.142) olarak tanımlanıyor. Bir televizyon röportajında Yavuz ayrıca şunları söyleyor: 'Gülen Hareketi gittikçe bir sufi tarikatına dönüşüyor. Kendi iç hiyerarşisi bir tarikata dönüşüyor. Hareket kendi geleneğini Risale-i Nur'a dayasa bile, ondan şu an çok uzakta. Bu nedenle, her ne kadar güç kazandılarsa da, İslam'ı kaybettiler. Kendilerinin dönüşümü yüzünden ise, Gülen Hareketi er yada geç dağılacaktır. Risale'i Nur hareketi ise var olmaya devam edecektir. Neticede Türkiye'de radikal müslümanlar olmamasının en önemli nedeni Nurcuların ve Süleymancıların varlığı' (Sky Türk, 14.07.2008). Agai (2004, s.152) ise, Gülen ve yandaşlarını bağımsız bir cemaat olarak adlandırıyor.

Bediüzzaman Said Nursi'nin talebelerinin defalarca ifadelerine göre de Fethullah Gülen Nurcu değildir ve Gülen Hareketi Nurculuk Hareketinin bir parçası değildir.

Fethullah Gülen kendisi Sızıntı dergisinde Risale-i Nur'ları sadeleştiriyor ve Zaman Gazetesinin eksi yayın yönetmeni Abdullah Aymaz da aynı şekilde Risale'leri sadeleştirip kendi adına kitaplar çıkarıyordu. Bediüzzaman'ın talebelerinin itirazlarına binaen Sızıntı dergisinde sadeleştirilmeler durdurulmuştu. Fakat yıllar sonra Fethullah Gülen'e ait bir yayınevi Şubat 2012'de

Risale-i Nur'ları sadeşleştirilmiş bir şekilde basmaya başlayınca nur camiasında tekrar büyük bir tartışma başladı (Misawa, 2012, 2014). Nurculuk Hareketinin grupları ve özellikle Bediüzzaman'ın talebeleri kitapların sadeleştirilmemesini ve bu bağlamda kullanılan kelimeler ile Risale-i Nur'a kendi yorumunun katılmamasını savundular. Fethullah Gülen ise ne Nurculuk Hareketinin taleplerini ciddi aldı, ne de Bediüzzaman Said Nursi'nin talebeleriyle görüşmeyi kabul etti. Görüşmeyi bile kabul etmemesi, kendilerine hiç bir değer vermediğini gösteriyor. Gülen Hareketinde yıllarca önemli görevlerde bulunan Latif Erdoğan, Fethullah Gülen'in Risale-i Nur'ları neden sadeleştirdiğini açıklıyor: 'Gülen yaptığı sadeleştirme ile aslında Risale-i Nur'un otantik yapısını tahribe niyetliydi. Çünkü biliyordu ki, Risale-i Nur'un otantik yapısı varlığını sürdürdükçe o ve yazdıkları Risale-i Nur'un gölgesinde kalmaya mahkum olacaktı' (Erdoğan, 2016, s. 89).

Yusuf Kaplan'a göre 'Fetullah Gülen, Türkiye'de Bediüzzaman'ı, Batı'da Hz. Mevlânâ'yı kullanıyor! Bediüzzaman sille yedi, tekme yedi bu ülkeyi aslâ terk etmedi!' (Kaplan, 23.07.2016).

Gülen Hareketini birçok araştırmasına konu yapan Hakan Yavuz da Gülen Hareketinin Said Nursi'yi kullandığını ifade ediyor: 'Her ne kadar Nurculuk'tan beslense de özünde bu Said Nursi'nin öğretisi ile hiçbir ilgisi olmadığı ortaya çıktı' (Sabah, 10.07.2017).

Manisa'da Fethullah Gülen ile tanışıp, iletişimde bulunan Ali Katöz'e göre de, Gülen sadece Risale-i Nur'ları, dolayısıyla da Nurculuk Hareketini kullandı:

'Gülen de burada vaiz olarak camilerde toplantı yapıyordu. İlk tanıştığımızda Risale-i Nur Külliyatını iyi bilen biri değildi. Hitabeti iyiydi. Risale-i Nur'u basamak yaparak bugünkü cemaati kurdu. Biz bugünkü devleti ele geçirme planlarını o zamanlar keşfedemedik fakat o günler yanlışlarını protesto ederek defalarca uyarmıştık' (Sabah, 04.08.2016).

Söyleşi yaptığımız Cübbeli Ahmet Hoca da Fethullah Gülen ve hareketini Nurcu olarak kabul etmiyor: *'Tabi bu Risale-i Nur camiası bir çok gruptan, 20 tane gruptan oluşuyor. Bunların 19,5i Üstadı doğru anlamış. Yani kalkıpda 'Yahudi, Hristiyan cennete girecek' demiyorlar. Ama 0,5 sızıntı var, kaçak var... bunlarda sesleri fazla çıkan yerdeler. Ve bu adamlara belki 'Nurcu' desen, 'Nurcu değilim' diyorlar. Üstadın talebesi olduklarınıda kabul etmezler belki, kamuoyunda sorulsa. Ama işte burada bir istismar var. [...] Tamam bu zatlar nur camiasından değil zaten, ama eşleştiriliyorlar. Bunlar Üstada kurban olsun. Kitaplarını bile doğru dürüst okumamışlardır. Ama böyle insanlar, sanki bu camiadanmış gibi gözüküyorlar. Bir irtibat gözüküyor' [C.B.]* (Şahinöz, 2018, s.162ff).

Recep Tayyip Erdoğan da Fethullah Gülen'in Said Nursi'yi kullandığını ifade ediyor: 'Pensilvanya'daki zat yıllar yılı Said Nursi'yi istismar etti. Hayatında Said Nursi'yi görmüş değil. Sadece eserlerinde tanıyor veya tanımıyor. Dikkat edin Said Nursi mahkemeler karar verdiği zaman, Sibirya'ya sürgüne gönderildi ama o bir fırsatı bulunca kaçıp tekrar Türkiye'ye geldi. Burada ne çileler, ne ezalar, ne cefalar yapıldığı ona malum. Bütün bunlar ortaydayken, Said Nursi'ye her türlü eza ve cefayı yapanlarla bu adam beraber oluyor. Said Nursi'nin yakın halkasına olan insanlar, talebeleri hakikaten bir çok açıklamalarıyla (Gülen'le) ters düşmüş vaziyetteler. Bazılarıyla ikili görüşmelerim oldu´ (Risale Haber, 25.07.2016) ve ´(Said Nursi; Yazarın Notu) ülkesinden kaçıp başka ülkelere sığınmayı, başka ülkelerden burayı karıştırmayı aklının ucundan geçirmedi. İstese Barla'dan kaçabilirdi, ama o kaçmadı. Tam tersine Rusya'ya esir düşmüşken, Sibirya'dan kaçtı, kendi ülkesine, topraklarına geldi. İşin ucunda hapishane de olsa 'vatanım' dedi. Ve şu ifadeyi kullandı, ´Zalimler için yaşasın cehennem´. Şimdi Pensilvanya'daki zat (Fethullah Gülen; Yazarın Notu), ağzına hiçbir zaman Bediüzzaman'ın ifadesini almamıştır, kullanmamıştır. Güya Bediüzzaman'ın yolundan gidiyor, yalan. Cumhuriyet Halk Partisi ile şu anda kol kola giren, birlikte hareket eden, birlikte kaset siyaseti yapan biri, nasıl Said Nursi'nin izinden gidebilir. Bu zat, 12 Eylül'de darbecilerle, onlara şirin mektuplar yazmıştır. Papa ile de maşallah el ele, kol kola resimleri var biliyorsunuz. Biz, siyasetçiyiz her insanla beraber oluruz, ama sen siyasetçi değilsin, sorulduğu zaman din adamısın. Hangi, neyi, nasıl yapıyorsun bunu anlamakta zorlanıyorum. 28 Şubat'ta darbecilere hoşgörü ödülü verdin, 17 Aralık'ta CHP ile kol kola darbeye yeltenen biri nasıl merhum Bediüzzaman'ın izinde olabilir ki? [...] Nerede Barla´daki merhum Said-i Nursi, nerede Pensilvanya'daki zat. Bir kere hayatında rahle-i tedrisinde bulunmamış. Ama öyle yutturmuş´ (Milliyet, 02.03.2014).

2011´den 2017´ye kadar Diyanet İşleri Başkanı olan Mehmet Görmez´e göre Gülen Hareketiyle Nurculuk Hareketini bağdaşdırmayı fitne olarak değerlendiriyor: 'FETÖ denilen bu yapı bir cemaatin içinden çıktığı iddia ediliyor. O da Nurculuk yahut Risale-i Nur Külliyatı denilen bir yapı içerisinden, grup içerisinde. Ve aynı şekilde bu dönemde ortaya çıkan fitnelerden bir tanesi de yine bu yapı üzerinden topyekün Nurculuğu okumak, hatta buradan Said Nursi ve onun bütün eserlerini aynı kategoriye sokarak değerlendirmenin de ben açıkça yanlış olduğunu ifade etmek isterim. Çünkü (Risale-i Nur) materyalizmin bilhassa ateizmin, 'Allah yok' düşüncesinin egemen olduğu zamanlarda, bu topraklarda, kainatın ayetleri üzerinden, kevni ayetler üzerinden bu toprakların çocuklarına ve bu dünyanın insanlarına Allah'ın varlığını ve birliğini anlatmak konussunda son derece başarılı bir projedir. Burada hatalı olan şahıslara ve eserlere kutsiyet atfetmektir. Bu doğru değildir. Kaldıki zaten hiç kimse de bunu yapmaz. Kutsiyeti sadece Allah verir. Kendisi bizatihi, 'baki hakikatler fani şahsiyetler üzerine bina edilmez' sözü Bediüzzaman Said Nursi'ye aitttir. FETÖ üzerinden bütün cemaatleri aynı kategoriye sokmak ve değerlendirmek yanlıştır. Ama orada yapılması gerekenler vardır. FETÖ üzerinden bu topraklardan çıkan özgün eserleri, Risale-i Nur'u kaldı ki Nurculuk cemaati de 80'li yıllardan itibaren FETÖ'yü dışına atmış bir yapıdır. Eserlere, eserin naşrini bir kutsiyet atfetmek yanlış olur. Ama FETÖ üzerinden okumak ve ötekileştirmek de doğru değildir. Bunu da açıkça ifade etmek isterim' (Risale Haber, 30.08.2016).

Bediüzzaman'ın talebelerinden olan Muhammed Sait Nasır'a göre, Said Nursi vefatından 20 gün önce kendisini Fethullah Gülen ile ilgili uyarmış, dolayısıyla Gülen'in Nurcu olarak sayılması da imkansız:

Bediüzzaman, Muhammed Sait'e, 'Sait, bu münafıka dikkatli ol fakat zamanı gelince açıkla' (Yeni Şafak, 27.03.2014) demiş.

Benzer bir olayı Kadir Mısıroğlu anlatıyor. Daha önce de belirtildiği gibi Kadir Mısıroğlu ve Said Nursi'nin talebelerinden Hüsrev Altınbaşak 1971 senesinde Eskişehir Askeri Cezaevinde 4 ay beraber kalmışlar: 'Biz Hüsrev Altınbaşak'la birlikte Eskişehir'de hapsedildiğimiz sırada Fethullah Gülen de İzmir'de bizimkine benzer bir suçla hapsedilmişti. Benim bu zata her Nurcu kardeşe olduğu gibi sempatim vardı. Bir gün Hüsrev Altınbaşak söz Fethullah Gülen'e intikal edince o gün inanamadığım şu sözleri söyledi, 'Kadir Bey, sen o zatı Nurcu zannediyorsun. Bu asla doğru değildir. O Risale-i Nurları kullanarak kendine has bir cemaat teşkil etmeye çalışıyor. Fakat bir gün anlarsın. O cephemizde müslümanları ifsada memur hain birisidir' demesi üzerine ben bu ithamı ağır bularak, 'Üstad hain diyorsun'. Sesini yükselterek cevap verdi, 'Evet, o bir haindir. Bizim yazı öğreten dershanelerimizi her öğrendiğinde hafta geçmeden o dershanemiz basılmıştır. O devletin memurudur. Fakat hırsı icabı bir gün bu devleti de satmaya kalkacaktır.' Doğrusu ben bu sözlere inanamadım [...]' (Mısıroğlu, 2012).

Cemaatte 25 sene hizmet eden Prof. Ahmet Keleş'in ifadelerine göre, Fethullah Gülen kendisiyle ilgili bu tür iddialar yaygınlaşınca, bir bayram vaazında kendisini aklamaya çalışıyor: 'Gittiğimiz yerlerde bazı öğrenciler 'Rüyalarımızda Peygamberimizi, üstad Bediüzzamanı görüyoruz. Bunlar bize diyorlar ki siz bu Fethullah Gülenin arkasından gitmeyiniz! O sizi bizim yolumuzdan götürmüyor´ diyorlar. Bunlar, beşinci katta (Cemaatin yapılanmasında üst tabakada; Yazarın Notu) gündeme geliyor. ´Efendim, zatı alinizin konumuyla ilgili, böyle çok kötü şeyler konuşuluyor. Bunlar kabul edilebilir bir şeyler değil.´ Fethullah Gülen açısından bu, şirk gibi bir şey. Fethullah Gülen bunlara cevap vermek üzere konuşuyor. Uzunca bir konuşma. Duygu dolu his dolu. Gözyaşları akmış, spor salonu adeta gözyaşlarına boğulmuş, hitap ediyor: ´Benim piri Muhan'a (Bediüzaman Said Nursi´ye) muhabbetimi biliyorsunuz. Onu nasıl sevdiğimi biliyorsunuz, ama o geldi vazifesini yaptı, görevini tamamladı bu dünyadan başka, baki aleme gitti. Ondan sonra artık görevli benim. Bu gün hayatta olsaydı, bana tabi olması gerekirdi. Daha açığını söyleyeyim: Şu kapı açılsa içeriye o piri muhan (yaşlı şeyh üstad) girse bana dese ki ´Fethi (Said Nursi´nin hitap şekli) bu gittiğin yol yanlıştır, sen bu insanları yanlış yola sevk ediyorsun´ dese ben ona saygıyla derim ki: ´Üstadım sana hürmetler ederim ama senin dönemin bitti. Bundan sonra benim sözüm geçer. Ve bu insanları doğru yola ben götüreceğim.´ Dahasını daha ilerisini söyleyeyim. Şu kapı açılsa, o kapıdan Hz. Muhammed girse ve bana; ´Fethi! Senin gittiğin bu yol benim bıraktığım yol değil´ dese ben ona derim ki: ´Sen bize kitap bıraktın, sünnet bıraktın bizim elimizde. Ben ona bakar yorumlar yoluma devam ederim´ derse birisi, böyle bir kimseyi hangi ilke ve kurallar ´bu yaptıkların yanlıştır´ diye sorumlu tutabilir?´´ (A Haber, 17.03.2014). Benzer ifadeleri Fethullah Gülen yayınlanan bir sohbetinde de söylüyor: ´Daha evvelki toplantıda ifade ettiğim gibi, dedim yani, Efendimiz şimdi bana gelse, deseki, bakın benim Efendimize sonsuz saygım var yani, Ehliyeyi Şerifin bir tek mu-i mübareki için ruhumu feda ederim. Ama bana açıktan açığa gelse, uyku muyku değil yani, şurada deseki 'Fethullah, bu iş tamam artık, sen ve bazı arkadaşların gidin mağaralarda bundan sonra inziva yapın' dese bana, açıktan açığa dese. Aynı şemailini görsem, şemaili olduğu gibi, diyeceğimki biliniz, 'Ya Resulallah sana saygım sonsuz. Allah beni senden ayırmasın. Fakat müsaade buyurursan ben, sen vefat etmeden evvel o dediğin şeyleri vefatından sonra dediğin şeylere hep tercih edeceğim ben. Çünkü sen anlattın, 'Git sistemini kur, dini neşret.' Senin mübarek daha önce dediğin şeyler arasında sadece kendini kurtarmak için mağaraya çekilme nefsaniliği yok yani. Bu işte birşey var. Ben galiba kulaklarım yanlış duyuyor' filan diyeceğim yani' (Kanal A, 15.08.2016).

Fethullah Gülen Risale-i Nur'lar ile Said Nursi vefat etmeden önce tanışsa da, Nursi ile görüşmesi olmamıştır. Gülen bunu şu şekilde ifade ediyor: ''Allah böyle bir dehayı niçin İslam'ın Kılıcı olmuş Türklerin içinden değil de, Kürtlerden çıkarttı' diye düşündüm. Türklük gururum Said-i Nursi'nin ziyaretine gidip elini öpmeme engel oldu'' (Şahinöz, 2016c; Erdoğan, 1995), 'Her Erzurumlu doğuştan milliyetçi ve biraz da Turancıdır. Bu düşünce ve zihniyet çevrenin tesiriyle bende de vardı. Daha sonra bu düşünce zail olup gitti, fakat ben bu düşüncenin insanıyken, Bediüzzaman'ın Anadolu'dan çıkmamış olmasını dahi kendimde bir mesele yaptım ve içimde bu düşünceyi bir ukde olarak taşıdım. Ve işte beni Bediüzzaman'la görüştürmeyen engel bu düşüncedir' (Zaman, 09.03.1992). Bu bölüm Zaman gazetesinde yayınlanmasına rağmen daha sonra röportajlanan kitapdan çıkarıldı. Başka bir yerde Gülen'in konuyla ilgili benzer sözleri aktarılıyor:

'Bediüzzaman döneminde yaşadım ve adını da duydum, Risale-i Nurları da duydum. Ancak her Erzurumlu gibi bizde biraz Turancılık vardı. Onun için ziyaret etmedim Bediüzzaman'ı' (Risale Haber, 27.01.2011). Yine aynı sebepden dolayı Bediüzzaman'ın cenazesine de katılmıyor. Kürtlük meselesiyle ilgili, Ali Katıöz'de bilgiler veriliyor: 'Kıbrıs çıkarmasından sonra geldi. Manisa merkez camiinde de vaaz etti. İzmir'den bunların taşıma bir gençliği vardı. Camiye girdim, baktım, bu kürsüde konuşuyor. Konuştuğu şey tamamıyla gıybet, dedikodu, ama o kadar hitabeti iyi ki herkesi kandırıyor. Bir taraftan da ağlıyor, cemaatte ağlıyor. Vaazdan sonra imam odasına girdim, o da geldi. Hemen yanıma geldi boynuma sarıldı ağladı. Dedi ki 'O Kürt!' Bir hayırsever Kürt vatandaşımız hakkında dedikodu yapıyordu. Gülen tamamen hem faşist hem de Kürt düşmanıdır' (Sabah, 04.08.2016).

Fethullah Gülen'in hareketini de, Nurculuk Hareketinin bir parçası olarak görmek mümkün değil[17]. Hatta bu çalışmamız için röportaj için gittiğimizde, *'Bize kitabınızda yer vermezseniz daha iyi olur, çünkü bir Nurculuk Hareketine dahil değiliz.' [T.C.]* (Şahinöz, 2018, s.169) denildi. Gülen Hareketi ve Nurcu grupların arasındaki farkı, Aköz ve Atal şöyle tasvir ediyorlar (06.01.2005): 'Geleneksel Nurcularda hiçbir hiyerarşi yoktur. Ancak Gülende var. Klasik Nurcular organize değildir. Buna karşı Gülen, son derece organizedir. Klasik Nurcular siyasete karışmıyor. Fakat Gülen,

---

[17] Halk arasında yine de Nurculuk Hareketi ile karıştırıldığı için bu yanlış bilgiyi ortadan kaldırmak için çalışmamıza dahil ettik. Bu bağlamda Gülen Hareketine 'Paralel Nurculuk' demek dahi mümkündür.

siyasetin tam ortasındadır. Klasik Nurcular demokrasiye odaklılar. Gülen için devletin kendisi bir odak noktasıdır.'

Gülen Hareketinde, yandaşların görevleri açıkça tanımlanmıştır. Her abinin küçük kardeşlerle sorumlu olduğu 'Abi-Kardeş-Sistemi' ile çalışıyorlar[18]. Yaşça büyük abiler, kendilerinden küçüklerin hem özel işleriyle hem de sosyal aktiviteleriyle ilgileniyorlar. Yapısı askeri hiyerarşik ve çok disiplinlidir. Komuta zinciri, yukarıdan aşağıya doğru sıkı bir şekilde iniyor. Bunlar ise Nurculuk Hareketinde tamamen farklıdır.

Başka bir fark ise, Gülen'in hareketinin, geleneksel Nurcularda olduğu gibi bir metne dayalı değil, söylem ve karizmaya dayalı olmasıdır (bkn. Reed, 1999, s.87; Karabaşoğlu, 2003, s.295). Ancak Gülen, karizmasını, yandaşlarına fetvalar veya açıktan belirli talimatlar vermek yerine, dolaylı olarak örnek hayat ve davranışlardan örnekler vererek kullanıyor.

Nurculuk Hareketi ile farklardan belki en önemlisi ise – ki ayrılışa neden olan sebeplerden bir tanesi – Nurcuların hedefinde sadece 'iman kurtarmak' var iken, Gülen'in en önemli hedeflerinden bir tanesi devleti yönetebilecek bir elit tabaka yetiştirmek. Bu hedef ise hareketi sosyolojik olarak dünyevileşmeye sürükledi. Bu farklılıklar nedeniyle her iki hareketin arasında farklı hizmet etme metotları gelişti.

---

[18] Yada Zarcone'nin (2004, s.221) tabir ettigi gibi 'Kardeşlik Modeli'.

Latif Erdoğan da Gülen Hareketinin Nurculuk Hareketiyle bağdaşmadığını ortaya koyuyor: 'Gülen'in uygulamaları ise, Nur hareketi modelinden çok farklıdır; hatta bazı uygulamalar, Nur hareketinin temel disiplinleriyle de çatışır haldedir' (Erdoğan, 2016, s.48).

Gülen Hareketine bağlı bir yayınevinde Gülen hakkında yayınlanan sosyolojik bir çalışmada, Nur hareketinin Gülen için sadece manevi bir destek olduğu söyleniyor (Ergene, 2005, s.109).

Gülen, Amerika'ya gitmeden önce, yani türk medyasına sürekli çıkarken, 'Said Nursi' ismini açıkca telaffuz etmiyordu, aksine, kimi kast ettiğini, kullandığı farklı kelimeler (örneğin pir) sayesinde yandaşları tarafından anlaşılıyordu. Dışarıdan birisinin bunu fark etmesi mümkün değildi. Ayrıca kitaplarında, Nursi'nin fikirleri, kaynak belirtilmeden veriliyordu[19]. Gülen Hareketinin bir yandaşı bu önlemi söyleşimizde şöyle anlatıyor: *'Nurculuk diye bir tanımlamaya dahil değiliz. Bizim kendimize verdiğimiz isim 'Eğitim gönüllüleri hareketi'dir. [...] Öte yandan bizim hizmet direk Nurculuk tanımına girmiyor. Özellikle o tanımdan kaçınılıyor. [...] Hocaefendi ise Risale-i Nur'u açıklayan ve bu zamana yorumlayan kimsedir. [...] Öncelik vermeme olarak değerlendirilmelidir. Bu bir taviz değil toplum psikolojisini dikkate almadır.' [T.C.]* (Şahinöz, 2018, s.171). Buradan çıkartılan sonuç, daha önce de görüldüğü gibi, Gülen Hareketindeki mensuplar için dahi

---

[19] Diğerlerinin yanı sıra bakınız: Gülen, 1998a, s.174; 1997, s.25; 1995, s.90.

hareketleri Nurculuk Hareketinin bir parçası değildir, hatta Nurculuk kavramından özellikle kaçınılıyor.

Yükseliş Dönemi

Gülen ülkenin ana vaizlerinden biri olarak göreve atandığında, 80'lı yılların sonu, 90'lı yılların başında bütün ülkeyi dolaşarak, devlet'in koşulsuz desteği varsayımı ile vaazlar verdi. Öte yandan Gülen devletin darbelerini destekliyor görünüyor ve yazılarında darbelerin gerekliliklerini açıklıyordu (Gülen, 1980; Hürriyet, 03.04.1998). Bundan dolayı devletin Gülen'in büyümesini desteklediği ittiaları ortaya atıldı. Bu, Gülen'in devlet ile doğrudan işbirliği yaptığı anlamına gelmiyor. Ancak gücünün muazzam büyümesi, hükümetlerin ona her kapıyı açmasıyla gelişmişti. Hatta Erbakan Gülen'in, Milli Görüş'ün partilerine zarar vermesi için devlet tarafından desteklendiğini varsayıyordu (Aras, 1998, s.27; Aras, Caha, 2000, s.37).

1994-1999 yılları arasında Gülen, medyada sık sık görünüyordu. Bu dönemi hareketin dünyevileşme süreci olarak yorumlayabiliriz. Bundan kısa bir süre önce, 1992'de, vaizciliği bırakmıştı. Bundan sonra kamuoyu önüne çıkarak, toplumsal konular hakkında açıklamalar yaptı. Dale F. Eickelmann onu bu yüzden Amerikan evangelisti Billy Graham'a karşı Türkiye'nin cevabı (1998, s.24) olarak görüyordu. M. Abdülfettah Şahin takma ismiyle yazı yazmaktan da bu zaman zarfında vazgeçti.

Bu beş yıl, Gülen Hareketi için oldukça aktif bir zaman olmuştu[20]. Devlet kendilerine tahammül ediyordu.

---

[20] Hatta 1995'de spor'a da el atıp Nişantaşı Spor Kulübü satın alınıyor. Beşiktaş Kulübü'nün eski yöneticilerinden İhsan Kalkavan

56

Dahası; Erbakan'ın büyüyen partisine karşılık, onu destekleyip, halka alternatif olarak gösteriyordu. Çünkü bu yıllarda sadece Gülen değil, Erbakan ve siyasi partisi de yükselişteydi. Görünüşte iki 'İslami' akım büyümekteydi. Medya'da ise Gülen, 'Ilımlı İslam' olarak gösteriliyordu. 'Kötü' Erbakan'a karşı bir alternatif idi. 1995'de bir televizyon programında konuşan Gülen'in şu sözleri Erbakan'ı niye desteklemediğini açıklar niteliğinde: 'Cebrail (as)'ı çok severim, âşık gibi. Burnumun kemikleri sızlar, hiç görmediğim tanımadığım bir melek bu. O bir parti kursa ben ona diyeceğim ki; 'Sen bir parti kurdun ama müsaadenle ben seni desteklemeyeceğim.' Esas benim için önemli olan Türk toplumunun ittifakıdı.' (ATV, 23.11.1995).

Erbakan partisini 1968/1969'larda siyasi bir parti kurmak için yola çıktığında Fethullah Gülen ile de görüşüyor. Bu görüşmenin canlı şahidi ve Gülen Hareketinde 35 sene (1966-2001) önemli görevler alan ve

---

olayı anlatıyor: 'Hizmete sempati duyan arkadaşlarla ve benim teklifim ile bir kulübü alalım isteği oldu. Hocaefendi de kerhen ben istiyorum diye hoşgörüsünden nezaketinden benim teklifimi hoş gördü. Hatta bir ara bana espirili bir şekilde 'Bir futbol eksiğimiz vardı. Bir de o başımıza çıktı' dedi. Ama beni kırmayıp teklifimizi kabul etti. Bu takımın ismi de Nişantaşı Spor Kulübü idi. Biz kulübe el attıktan sonra 'Hocaefendi futbola da el attı' haberleri çıktı. Bizim Beşiktaş'taki yöneticilğimizden dolayı bana sen ilgilenir misin dediler. Bize gelip kulüp işletmesini bize vermeyi arzu ettiklerini söylediler. Bizde Hocaefendi'nin görüşünü aldık. Sonrasında işi mükemmel bir şekilde götürüyorduk. İkinci yarının başında liderdik. Bu şekilde haberler ve 'futbola da sızdılar' lafları çıkınca Hocaefendi'nin üzüldüğünü hissettik ve hemen orayı terk ettik' (Haberler.com, 22.05.2014). Satıştan bir kaç ay sonra spor kulübü devredildi.

daha sonra ayrılan Nurettin Veren bu görüşmeyi aktarıyor: 'Bizim bu kamp hizmetimizden haberdar olan Erbakan Hoca'nın Fethullah Gülen'le görüşmek istediğini birisi vasıtasıyla kampa ilettiğini, benim de gidip Erbakan Hocayı almamı söyledi. Ben de Buca Dokuz Çeşme durağından gidip Skoda bir kamyonetle Erbakan Hocayı alıp Kaynaklar kampına getirdim. Bu benim Erbakan Hocayı ilk görüşüm idi, çay içip sohbet edildikten hemen sonra Erbakan Hoca dindarların da bir parti kurup siyasal alanda, hak-hukuk arayışı içerisinde, söz sahibi olması gerektiğini ve birlikte parti kurma teklifi olduğunu söyledi. Gülen, Erbakan Hocaya kendisinin bu siyasi parti kurma teklifine katılmadığını, hatta siyasetten vazgeçmesini, üniversitede sessiz sedasız eleman yetiştirerek kadrolar oluşturmasının, siyasetten açık bir parti çalışmasından, daha etkili olacağını söylemişti. Bu tarih 1968-1969 yılları arasında olan bir tarihtir. Daha sonra bir daha Fethullah Gülen, Erbakan Hoca ile görüşmemeye özellikle dikkat etti. Bu arada; Erbakan Hoca da kendisi, arkadaşlarla birlikte partisini kurdu. Gülen hep bu partinin Müslümanları sıkıntıya sokacağını ve Erbakan Hoca'nın yanlış bir yolda yürüdüğünü, esas yapılan işin bizim yaptığımız iş olduğunu bize anlatıyordu' (Veren, 07.04.2016). Her zaman devletin yanında yer alan Gülen, 1980 ve 1997 darbelerinden önce Erbakan'ın partisini açıkça eleştiriyordu.

Yine o yıllarda, 20.05.1995'de, Fethullah Gülen ve Bülent Ecevit ilk defa yüzyüze görüşürler ve sıkı bir dostluk başlar. Bu görüşmede Ecevit, Gülen'in yurtdışındaki okullarından etkilenir. İkinci görüşmenin ise 23.05.1997'de STV binasında gerçekleştiği iddia edilir. Görüşmeden bir gün önce Ecevit yine STV için çekilen hareketin yurtdışındaki okullarıyla ilgili bir belgeselde görüşlerini belirtiyor. İlk görüşmenin canlı tanıkları var iken ikinci görüşmeyi başbaşa yapıyorlar. Ardından 22.12.1997'de Gülen Hareketine ait Gazeteciler ve Yazarlar Vakfı TBMM Başkanı Hikmet Çetin ile DSP Genel Başkanı ve Başbakan Yardımcısı Bülent Ecevit'e siyaset dalında 'Ulusal Uzlaşma Teşvik Ödülü' veriyor. Daha sonra Fethullah Gülen Şubat 1998'de Papa ile görüşmeden önce Ecevit ile tekrar görüşüyor. 2006'da Türkçe Olimpiyatlarında tekrar Ecevit'e ödül veriliyor. Reha Muhtar da, Ecevit-Gülen dostluğuyla ilgili önemli bilgiler paylaşıyor: 'Fethullah Gülen 2007 yılında Amerika'da kaldığı evdeki bir öğlen yemeğinde Bülent Ecevit'i şöyle andı: 'Ecevit hayatı boyunca oruç tutmadı... Namaz kılmadı ama inancı sağlamdı... Sosyal demokrat bir zeminde doğdu ve İsmet İnönü'ye ortanın solu dedirtti... Okullara çok sahip çıktı... İşin büyüklüğünü sezmişti... Önüne bir dosya getirildiğinde elinin tersiyle itti... Eğer ahirette Allah bana şefaat etme imkanı verirse, bunu ilk önce Ecevit için kullanırım...'' (Muhtar, 2012). Faruk Mercan'dan yaptığı alıntı da ise Muhtar şöyle yazıyor: 'Fethullah Gülen için 22 Şubat 1999 tarihi için randevu ayarlandı... Ancak ABD'den arayan Profesör Tarhan 'Burada havalar çok soğuk... Randevuyu biraz erteleyelim...' dedi... Mart ayına gelindiğinde ilginç bir şey oldu... Ankara Devlet Güvenlik Mahkemesi savcısı Nuh Mete Yüksel'in, Gülen hakkında soruşturma açtığına dair bazı haberler İstanbul'a ulaşmaya başladı... Gülen bu şartlarda ABD'ye gitmeyi doğru bulmuyordu... Eğer savcı böyle bir soruşturma açmışsa, ABD'ye gitmesi ifade vermekten kaçınmak anlamında algılanabilirdi... Gülen'e telefon açan Bülent Ecevit; 'Sağlığınız çok önemli... Sizinle ilgili böyle bir soruşturma olsa haberimiz olurdu... Lütfen tedavinizi aksatmayın ve Amerika'ya gidin...' dedi... Gülen'in Amerika'ya gitmesinde en etkili nedenlerden biri Ecevit'in telefonuydu...' (Muhtar, 2012). 45 sene (1968-2013) Gülen Hareketinde bulunan ve Hareketin önemli kurumu olan 'Gazeteciler ve Yazarlar Vakfı'nın kurucularından olan ve başkanlığını da yapmış olan Latif Erdoğan da aynı ifadeleri kullanıyor: 'Söylenti doğruysa önce askeri temsilen üç kişilik bir heyet Gülen'e gelmiş, Amerika'ya gitmesi gerektiğini kendisine tebliğ etmiş. Fakat Gülen bu tebliği geri aldırmak için ugraşmış fakat bunda başarılı olamamıştı. Son çare Ecevit'in devreye girmesiydi. Ecevit de başarılı olamayınca, Gülen'i telefonla aramış, kriptolu bir konuşmayla, sağlığınız çok önemli, mutlaka Amerika'ya gidin, demişti. Gülen için artık başkaca çare kalmamıştı; Amerika'ya gitti' (Erdoğan, 2016, s.139).

Kasım 1996'da Susurluk'ta meydana gelen bir kaza tüm Türkiye'nin yapısını değiştirdi. Siyaset, mafya, bürokrasi ilişkisini ortaya çıkaran kazadan sonra 'Derin Devlet' kavramı artik herkes tarafından kullanılmaya başlar. Bu bağlamda raporlarda Fethullah Gülen'in de ismi geçer: 'Başbakanlık, MİT ve TBMM konuyla ilgili araştırma raporları hazırladı. Tarih 17 Aralık 1996: MİT Müsteşarı Sönmez Köksal, Cumhurbaşkanı Demirel'e Susurluk Raporu'nu sundu. Raporda, Fetullah Gülen dahil siyaset, mafya, iş dünyası, polis, MİT'çilerden oluşan 59 isim yer aldı. Raporda, Gülen'in, siyasetçiler, derin devlet tetikçileri ile ilişkisi anlatılırken 'Doğrulanan iddialar' kısmında, 'Fetullah hocacıların CIA'nın bölgemizdeki en önemli sivil toplum kuruluşu olduğu iddiaları Maliye, İçişleri ve Dışişleri Bakanlığı koordinasyonunda çözülebilecektir´ deniliyordu´ (Şener, 2018).

Bu bağlamda bütün dini gruplara karşı yapılan 28 Şubat ´postmodern askeri darbe'yi de Gülen görünüşte desteklemişti (Agai, 2004, s.160ff). Gazetelerde ´Beceremediniz, artık bırakın´ (Hürriyet, 18.04.1997), ´Gülen de uyardı. Beceremedik deyip hemen seçime gidin.´ (Milliyet, 18.04.1997) ve ´Hükümet gitsin´ (Yeni Akit, 18.04.1997) manşetleri ve kurulan yeni hükümete kendi gazetelerinde ´Hayırlı olsun´ (Zaman, 30.06.1997) manşeti çok tartışıldı[21]. Darbeden hemen sonra 29.03.1997´de STV'de katıldığı bir programda şöyle demişti Gülen: ´Darbe hiçbir zaman tam bir çözüm değildir. Dağlama en son çaredir. Darbeciler iyi niyetlidir ama her darbe birikim ve tecrübe sahiplerini heba etmiştir. Ülkemiz kriz içinde. Gücü temsil edenler krizi önlemelidir. Bu hükümeti değiştirin demek daha demokratik olur. Burada 'Askeriye muhtıra verdi' diye suçlanmak isteniyor. İsteselerdi, bu öyle bu böyle olacak diyebilirlerdi. Oturup onlarla meseleyi altı saat mülahaza etmezlerdi. Demokratik yollarla problemler çözülsün istediler.´ (STV, 29.03.1997). 16.04.1997´de Kanal D´de askerin Erbakan´dan daha demokrat olduğunu ima etti: ´Askerlerimiz bir yönüyle yaptıkları bazı şeylerden ötürü bazı çevrelerce, belki antidemokratik davranıyor sayılabilirler. Ama onlar konumlarının gereğini anayasanın kendilerine verdiği şeyleri yerine getiriyorlar. Hatta dahası, ben zannediyorum, onlar, bazı sivil

---

[21] Zaman Gazetesinin, diger cemaatleri korumak gibi bir misyonu zaten hiç olmadı (Şahinöz, 2007).

kesimlerden daha demokrat.' (Kanal D, 16.04.1997). Yıllar sonra da darbenin demokrasiyi teşvik ettiğini söylüyordu Gülen: '28 Şubat, ülkenin daha iyi bir noktaya gelmesi adına Türkiyer'de bazı süreçleri geciktirdi mi?' sorusuna Gülen 'Geciktirmedi, aksine hızlandırdı. Hatta 28 Şubat, Türkiye'de demokrasinin yerleşmesini de hızlandırdı.' cevabını veriyor (Ünal, 2001, s. 64). Bunun dışında Refah Partisinin yasaklanmasını desteklemesi (Barlas, 2000, s.68-71; Erkoca, 2000, s.75; Aras, Caha, 2000, s.37), İmam Hatiplere karşı yapılan tedbirleri onaylaması (Çalışlar, 2001, s.149), kendi televizyon kanallarından tesettürlü kadınların uzaklaştırılması iddiası (Agai, 2004, s.171), tesettürlü üniversite talebelerinin protestolarına karşı gelmesi, tesettürü 'füruat' olarak tarif etmesinden dolayı oluşan doğru/yanlış anlaşmalar ve 'başörtüsü mü üniversite mi?' diye bir soru karşında eğitimi tavsiye etmesi (Agai, 2004, s.161; bkz. Hermann, 1996, s.41) her zaman tartışma konuları olmuştur.

Daha sonra Gülen, tüm bu görüşlerinin yanlış anlaşıldığını ve bağlamlarından koparıldığını söylese de (iftiralaracevap.com), Lions-Kulübü kendisini, bu davranışlarından dolayı takdir etti ve onu 'bizden daha laik ve daha modern' olarak niteledi (Çalışlar, 2001, s.149). 'Gülen, koşulsuz olarak, devletin irtica olarak tanımladığı herşeye karşı aldığı önlemleri destekliyordu, hatta devlet organlarının açıkca demokrasi ve hukuk devleti tabanını terk ettiği bazı durumlarda dahi' (Agai, 2004, s.161). Gülen, adeta isteyerek veya istemeyerek devletin dini sözcüsü rolüne giriyor, hatta kendi yandaşları tarafından yapılan tüm eğitim kurumlarına olan bağlantısını dahi yalanlıyordu[22]. Ancak dindar halk, bu tutumu yadırgadı. Kendi gazetesi 'Zaman'ın satışları bu dönemde en düşük noktalara düştü.

Gülen giderek çelişkiler içine düştü. Bunun nedeni ise, Gülen'in hedef kitlesinin daima iki farklı gruptan oluşmasıydı. Her iki grubun farklı beklentileri ve söylemleri vardı. Seküler münakaşalarda eylemlerini, dincilik karşısındaki korku ile, dini münakaşalarda ise komplo teorileri üzerine meşrulaştırdı (Agai, 2004, s.229, 257). Söylem içindeki kavramlar da değişiyordu. Dini bir ortamda iman veya inanç kelimeleri kullanılırken, laik ve seküler ortamda ahlak ve etik terimleri kullanılıyordu.

Ancak devletin Gülen'e olan sevdasının bir sonu olacaktı. Gülen'e ihtiyaç duyulmadığında kendisi devletin düşmanı ilan edildi. 18 Haziran 1999 tarihinde ATV kanalında, Gülen'in en yakın çevresindekilere, sistemi değiştirmek için, devletin tüm pozisyonları alınana kadar doğru zamanın beklenmesi gerektiğini söylediği, 1993 yılından bir kaset gösterildi[23]. Yayınlanan kasette şu şekilde konuşuyordu: 'Sivrilmeden, mevcudiyetinizi hissettirmeden çok ilerilere gitme. Mutlaka riayet edilmesi lazım. Belli bir noktaya ve kıvama gelecekleri ana kadar... bu şekilde hizmete devam etmeleri şarttır, zaruri ve luzumlu. Yanlış birşey yapar, kıvama ulaşılmadan, özleriyle tam bütünleşmeden, gereken

---

[22] Çelişkili olarak kendisini okulların sözcüsü yapıp, yurtiçi ve yurtdışında 300 okulun Milli Eğitim Bakanlığı'na verilmesi için hazır olunduğunu iddia etti (Hürriyet, 23.12.1997). Burada, kendisinin bu okullar üzerinde nasıl bir etkisi ve rolü olduğu net olarak gözüküyor (Agai, 2004, s.161).

[23] Kaseti Emekli Orgeneral Kemal Yavuz'un hazırladığı inanılıyor.

mesafe alınmadan, bir kısım erken vuruş diyebileceğim çıkışlar yaparlarsa dünya başlarını ezer ve Müslümanlara Cezayir'deki hadise gibi yeni bir hadise yaşatırlar. Suriye'deki 82 vakıası gibi bir fecaat yaşatırlar. Her sene Mısır'da yaşanan fezaat ve fecaat gibi fezaat ve fecaat yaşatırlar... Böyle bir dönemde, tam özünüzü bulacağınız, kıvama ereceğiniz ana kadar dünyayı sırtınıza alıp taşıyabilecek güce ulaşacağınız ana kadar... Türkiye'deki devlet yapısı ölçüsüne göre bütün anayasal müesseselerdeki güç ve kuvveti cephenize çekebileceğiniz ana kadar her adım erken sayılır. Her adım yirmi gününü doldurmadan yumurtayı kırma gibi birşeydir. Civcivleri terkedip terkeden bir kuluçka gibi civcivleri doluya, fırtınaya terketmek gibi birşeydir. Ve burada yapılan şeyler bunlardır. Burada yapılan şeyler mikro planda dünyayla hesaplaşma işidir... Bunca kalabalık içinde ben bu duygu düşüncemi sözde mahremce anlattım ama sizin mahremeyete sadık, mahremiyet mevzuunda hassas duygularınıza sığınarak anlattım. Biliyorum ki elinizdeki meyve suları boş kutularını dışarı çıkarken bir çöp kutusuna attığınız gibi bu düşünceleri de... çöp kutusuna atıp geçeceksiniz. [...] Orada icabında mahkemenin altını üstüne getireceksin, avucuna alacaksın. Arkadaşlara diyorum ki, ben 1000 döktüreceksin, belki geriye biri dönecek. Bu dershaneleri destekleriz yani. Bir milyar vereceksiniz, on milyonu tazminat davası alacaksınız. Avukat da kiralayacaksınız, hakim de kiralayacaksınız. [...] Öyleyse o sistemin püf noktalarını bilmeleri lazım, keşfetmeleri lazım. Aşmaları lazım. Bu da meselenin diğer bir yanıdır. Kuvvet dengesi olmadığı bir yerde kuvvete başvurmayacaksınız. Teknik-taktik yerinde sizin kalbiniz önemli. Dıştan bizi bazıları korkaklıkla itham edecekler. Fırsat bulup, hep yolunuza devam ediyorsanız, yine orada o esnekliği gösterecek, o eksantriği kullanacak, geriye çekiliyor gibi yapacak, fakat adımlarınızı daha açıp ileriye gideceksiniz. [...] İster Adliye'de ister Mülkiye'de arkadaşlarımızın gittikleri yerlerde daha rahat iş yapmaları, tutulmaları; kaymakam ise vali olmaları; sıradan bir hakim iseler tekdir olunan bir hakim olmaları. Fuzuli kahramanlık yerine ele geçirmeyi tercih edelim. Bu nedenle Mülkiye ve Adliye'de çalışan arkadaşlarımız için bu çok önemlidir. İster Mülkiye'de ister Adliye'de ister diğer sahalarda böyle bir münasebetle bahsetmiştim. Arkadaşlarımızın mevcudiyeti İslami geleceğimiz adına o işin garantisidir. Yani bu açıdan, Adliye'de Mülkiye'de hayati müesseselerde bizim arkadaşlarımızın mevcudiyeti böyle bir mevcudiyetler gibi ele alınıp öyle değerlendirilmemelidir. Yani gelecek adına bizim o ünitelerde garantilerimizdir' (ATV, 18.06.1999)[24]. Gülen bu görüntülerden sonra alenen özür diledi ve kasetin manipülasyon olduğunu belirtti. Herşeyin bir entrika ve şantaj olduğunu söyledi (Akman, 2004). Kendisi olaydan daha önce, 31.03.1999'da ABD'ye gitmişti. Türkiye'de ise hakkında savcı Nuh Mete Yüksel tarafından dava açıldı. Gülen bugüne kadar Türkiye'ye geri dönmedi ve Pennsylvania eyaletinin Saylorsburg şehrinde yaşamaya devam ediyor[25].

---

[24] Başka bir sohbetinde 'Senin iktidar dediğin şey nedir, 20 yaşında ben onu devireceğimi, yerine başkasını kuracağımı planlamış insanım' (Sabah, 18.08.2016) diyor.
[25] ABD Vatandaşlık ve Göçmen Bürosu ve İç Güvenlik Bakanığı başta Gülen'e vize vermek istemiyor. Ardından uzun bir vize davası başlıyor. Gülen'in avukatı Gülen'in sıradışı yeteneklere sahip olduğunu ve Amerika'da kalmasının 'ABD'nin yararına olacağı'nı savunuyor. Yıldırım Akbulut (1989-1991 dönemi Türkiye

Hareketi ise o tarihden sonra yaklaşık 10 sene göz önünden geri çekildi. Bu olaydan sonra Gülen, 28 Şubat darbesinde çok sert bir şekilde etkilenen ve kendisi tarafından eleştirilen diğer İslami gruplarla birdenbire aynı teknede yer aldı. Kaset skandalından 4 yıl sonra, 10 Mart 2003 tarihinde mahkeme, işlemi geçici olarak durdurma kararı aldı. 24 Haziran 2008 tarihinde Fethullah Gülen sonunda beraat etti. O zamanların meşhur haber spikerlerinden olan Mehmet Ali Birand Haziran 2011'de kasetle ilgili TV ekranlarında Ayşenur Arslan'a şu itiraflarda bulundu: 'Bizim için öncelik parlamento ve demokrasi değildi. Genelkurmay daha önemliydi. Bundan daha normal bir şey olamazdı ki. Bizler öyle yetiştirildik. Genlerimize belki de farkına varmadan darbecilik işlendi. [...] Fethullah Gülen'in kasetlerini getirdiler, yayınladınız. Nerden geldi o kasetler? Bir yerlerden geldi. Onu yayınlayın dediler, yayınladınız. Bunu yayınlayın diyen Genelkurmay" (CNN Türk, 02.06.2011).

Başbakanı), Mehmet Sağlam (eski Türkiye Milli Eğitim Bakanı), George Fides (CIA Merkezi İstihbarat Analizi Eski Direktörü), Graham Fuller (CIA eski başkan yardımcısı ve ABD Ulusal İstihbarat Konseyi üyesi), Morton Abramowitz (Eski ABD Ankara Büyükelçisi) gibi 30 önemli kişi Gülen'e referans oluyor (Hürriyet, 09.05.2014). Neticede Gülen Temmuz 2008'de vize davasını kazanıyor.

Hareketin hedefleri

Gülen'e bağlı 100'dan fazla ülkede tahminen 767 özel okul var[26], üniversiteler[27] dahil. Söyleşi yaptığımız bir şahısa göre bunların 150'si Türkiye'de ve yaklaşık 250'si Türkiye'nin dışında[28]. Bu okulların çoğu, Özbekistan gibi eski Sovyetler Birliği'nin ülkelerinde yer alıyor. Okullarda dini bir eğitim olmadığı için, müslüman olmayanlar da o okullara gidiyor. Okulların, 'radikal İslamcılar' için bir asker toplama kurumu olduğu suçlaması, şimdiye kadar ciddi bir incelemeye dayanmıyor (Posch, 2005, s.175). ABD ile Fethullah Gülen'in ilişkisi her zaman iyi olmuştu, çünkü komunizm ile mücadele edebilmek için ABD Gülen'in okullarının yayılmasını destekliyordu. CIA'in en ünlü eski başkan yardımcılarından Graham Fuller de Gülen Hareketinin desteklenmesini açıkca ifade edenlerden biriydi (Neue Zürcher Zeitung Gazetesi, 21.06.2010). Amerika'nın Gülen okullarını türki ve eski rus ülkelerine girmekte kullandığı her zaman söylenir.

Ayrıca dünyanın bir çok ülkesinde ödev yardımı ve özel ders sunulan eğitim kurumları bulunuyor. Bunlardan 150'si Türkiye'de bulunuyormuş. Dahası, ışık evleri[29] de hareketin mekanlarından. Bu evler, klasik medreselerin yerini almıştır. İlk ışık evi 1979 yılında

---

[26] İlk okul Kasım 1991'de Azerbaycan'da kuruldu. Amerika'daki Charter okulları Hareketin önemli maddi kaynaklarından biri.

[27] 1996'da ilk üniversite 'Fatih Üniversitesi' açıldı.

[28] Böylece Gülen Hareketi, bazı ülkelerden daha fazla yurtdışı okuluna sahip.

[29] 'Nur' kelimesi arap kökenli iken, Gülen, türkçesi 'Işık' olan sözcüğü kullanıyor.

kuruldu[30]. Bu kurumlarda Gülen'in eserleri okunup, ses ve görüntü kayıtları da dinlenip izleniyor. 'Gülen kendi cemaatinin merkezi haline gelmiştir. ABD'de onun huzurunda sürekli, kendi yazılarından okunuyor ve kendisi bunlara açıklık getiriyor. Eskiden, Risale'lere verilen otorite, bugün cemaatinde kendi metinlerine veriliyor' (Agai, 2004, s.165).

Buna ek olarak Gülen, etik ve ahlaki değerleri önemsiyor ve karakterli bir eğitim amaçlıyor. Kendisi, ahlakın derslerle öğretilemiyeceğine, iletilebilmesi için yaşanması gerektiğini savunuyor. Bilginin önemi hakkında şöyle der: "Gerçek' hayat sadece bilgi ile mümkün olduğundan, öğrenme ve öğretmeyi ihmal edenler, hayatta olsalar bile ölü gibi gözükürler. Çünkü insan, öğrenmek ve öğrendiklerini başkalarıyla paylaşması için yaratılmıştır' (Gülen, 1998b, s.9).

Gülen özellikle farklı din mensupları ile diyalog çalışmaları yaptı. Ortodoks Patriği Bartholomeos'u İstanbul'da iki kez, 9 Şubat 1998 tarihinde de Papa John Paul II. Roma'da[31] ziyaret etti ve İsrail'den bir hahamdan davetiye aldı. Reuters'e verdiği bir demeçte (Bell, 1995) 'Eğer birbirimizle hoşgörü ile geçinirsek, bu ülkede (Türkiye'de; Yazarın Notu) güven ve barışı inşa edebiliriz', dedi. Turkish Daily News'a (1995) ise şu açıklamayı yaptı: 'Hiç kimse başka birisini, bir dinin

---

[30] Fakat 1968'den beri talebe yurdu gibi kullanılan evler vardı.

[31] Gülen'in Roma'daki ziyareti, Türkiye'deki bazı çevrelerin eleştirel bir bakış açısına sebep oldu. Papa'yı ziyaretten daha çok, Gülen'in temsilci rolü ve Alaaddin Kaya'nın Papa'nın elini öpmesi eleştirildi. Eleştirilere göre, Gülen Papa'yı müslüman'ların temsilcisi veya lideri olarak ziyaret edemezdi (bkz. Barlas, 2000, s.7).

mensubu veya ateist diye kınamamalı.' Diyalog karşıtları ise çoğu zaman Gülen Hareketini bu yönden eleştiriyorlar. Gülen Hareketi de cevap olarak kendi televizyon ve gazetelerinde 'diyaloğun meyvelerini' yayınlıyor. Dinlerarası Diyalog'a Almanya'da çok önem veriyorlar. Berlin'de kuracakları 'House of One' (kilise-havra-cami projesi) için 2016 senesinde 3,4 milyon € maddi yardım aldılar. İlginçtir ki Fethullah Gülen bu gibi faaliyetlerini sadece 90'lı yıllarda değil, 60'lı yıllarda da yapıyor. Örneğin 6 Mayıs 1965'de Ermeni Patriği Şinork Kalustyan'a bir mektup yazıyor (bkz. Ek 2) ve 1915 Ermeni olaylarından 'soykırım' olarak bahsediyor.

Organizasyon Şekli

Hareketin yandaş sayısı tespit edilemiyor. Sayılar 200.000 ile 4 milyon arasında değişiyor (Tempo, 1997; Barlas, 2000, s.143). Hareket'in kendi tahmini 6 milyon (Çakır, 2007).

Fethullah Gülen hiçbir okulda, kurumda, medyada veya vakıflarda resmi bir konumda değil: 'Benim onlara ne organik ne de maddi bir bağlantım var' (Çalışlar, 2001, s.38). Kendisi o hiyerarşiye entegre değildir. Resmi olarak da hiçbir organa ait değil[32]. Sırf bazı kurumlarda onursal başkan olarak geçiyor. Bu nedenle hareketten, Gülen'i resmi olarak yerleştirmeden hareket eden bir sivil-dinamik organizasyon (Ergene, 2005, s.55) olarak bahsediliyor.

Organizasyon yapısı olarak hareketin kendi içerisinde Türkiye'yi ve tüm dünyayı bölgelere ayırdığı ve her bölgeye hiyerarşik olarak 'imamlar'[33] tain edildi düşünülüyor. Bu imamlar hareketin o bölgedeki söz sahibi insanları oluyorlar ve hareketi koordine ediyorlar.

---

[32] Böyle olmasına rağmen, Latif Erdoğan'ın verdiği bilgilere göre hem Zaman Gazetesinde hem STV'de en küyük ayrıntıları dahi kendi karar veriyor, örneğin gazete manşetleri, tartışma programlarının konuları ve katılımcıları, gösterilecek olan filimler, dizilerin senaryoları, sıradan personellerin alınması (Erdoğan, 2016, s. 96). 7 yıl Zaman Gazetesinin Genel Müdürlüğünü yapmış olan Nurettin Veren de, Gülen'in manşetleri ve en küçük detayları bile belirlediğini, hatta bir işletmenin kapısına kapıcı alınacağı zaman bile Gülen'den onay alındığını belirtiyor (Veren, 2016, s.41).
[33] Bu görevliler gerçekten imam oldukları için değil, Fethullah Gülen'in vaizlik geçmişi gereği 'imam' ismini alıyorlar.

Bu yapılanma şekli ise dışarıdan birisi için ve hatta içerideki taban için dahi şeffaf değil. Bu nedenle yapılanma şekli masonik bir yapılanmayı, hatta islami bir Opus Dei Hareketini, andırıyor[34].

Yapılanmayı piramit şeklinde düşünürsek en tepede Fethullah Gülen var, ardından sıra sıra kıta imamları, ülke imamları, eyalet imamları, ilçe imamları, bölge imamları ve dershane imamları gelir. Tabandakiler bir 'imam' veya 'abi'/'abla' nın kendi bölgelerine veya dershanelerine kimin tarafından görevlendirildiğini veya görevden alındığını ve nasıl seçildiğini asla öğrenemezler. Aynı zamanda tabandakilerden azami derecede itaat beklenir ve günlük hayatları sosyal kontrol altına alınır.

Necip Hablemitoğlu, 2002 senesinde yapılanmayı Scientology'ye bezetiyor: 'Fethullahçılar, Türkiye'de Mevleviler, Bektaşiler, Cerrahiler gibi salt dinsel inancını yaşamaya çalışan bir cemaat değildir. Uluslararası alanda at koşturan, son derecede tehlikeli bağlantılarıyla, ekonomik kaynakları ve eğitim kurumlarıyla, Türkiye'nin yüzyüze olduğu en tehlikeli tehdit odağıdır. Örgütlenme modeli itibariyle Türkiye'de bir eşi yoktur; örgütlenme modeli olarak, tamamı C.I.A. denetimindeki Moon, Falun-Gong, Scientology gibi tarikatlarla benzeşmektedir." (Hablemitoğlu, 2003, s.2)

Hakan Yavuz da Gülen Hareketini masonik yapılanmalara benzetiyor: 'Gülen hareketi klasik bir dini

---

[34] Gülen Hareketinin sekt'e benzemesiyle ilgili bkz. Öksüz, Şahinöz, 2018.

71

hareket değil. ABD'deki Scientology veya Opus Dei veya Masonik ağlar bu yapıya çok benziyor. FETÖ'yü anlamak için bunları bilmek gerekir. Gizlilik prensibi, erkek egemen yapısı, dışarıya güvenilmemesi, 'tedbir' esasında hareket edilmesi, en mahrem işlerin kendi aralarında halledilmesi, parasal ilişkileri, istihbarat yapısına benzer çalışmaları, insanları yerine göre tehdit etmeleri, soru çalmaları, evrak düzenlemeleri ve kendi adamlarının yükselmesi için diğer insanlara iftira atılması ve yargıyı topyekun kontrol etmeleri ekseninden bakınca dünyada böyle bir hareket yok. Gülen hareketi 2007'den sonra ve özellikle de 2010 Anayasa referandumundan sonra tamamen siyasi bir örgüte dönüştü. Masonik yapılardan da esinlendiğini görüyoruz. Mesela P2 Mason locası ile çok benzerlikler gösteriyor. Sızma yöntemleri ve daha sonra devletin yaptığı operasyonlar da FETÖ ve P2 mason locasının birbirine çok benzediğini gösteriyor. Çok farklı eylem alanları var ama temel hedefi güç ve iktidar' (Sabah, 10.07.2017).

Bu tarzda bir yapılanma şekli sebebiyle, Hakan Yavuz'a göre istihbaratlar da Gülen Hareketiyle içiçe çalıştılar: 'Evet İzmir'de Kestanepazarı ve ya Edirne'de çekirdeği atılan hareket yerel kaynaklarla istediği güç ve iktidarı ele geçiremeyeceğini görünce kendisine uluslararası destek bulmak için arayışa girdi. Soğuk Savaş'ın sona ermesiyle ve özellikle bazı devletlerin arzuladığı 'ılımlı İslam' projesine destek vererek bir dizi ilişki ağı kurdu. FETÖ yapılanması lider eksenli olmasına rağmen uluslararası alanda 'ağlar şebekesi' şeklinde çalışır. Gülen uluslararası alanda kendisine destek bulmaya başlayınca uluslararası sistemin taleplerine uygun bir yöntem izlemeye başladı. Zamanla uluslararası gücün taleplerini Türkiye'ye taşımaya başladı. Talepleri taşıdıkça güçlendi ve yeni yapılanmalara gitti. Düşünün FETÖ'cü bir emniyet görevlisi tek başına ABD'nin İstanbul Konsolosluğuna giderek Türkiye'de güvenlik sorunları hakkında sunum yapıyor. FETÖ yapılanması zamanla hedefleri uğruna dış ağların içine sızarken aynı dış güçler FETÖ ve FETÖ üzerinden Türkiye'nin en hassas alanlarına sızmakla kalmadılar 'koloniler' inşa ettiler' (Sabah, 10.07.2017).

Söyleşi yaptığımız eski bir Gülen Hareketi mensubuna göre gerçek manada bir istişare de olmuyor: *'Şimdi meşveret konularındaki birinci şey şu, diğelimki o bölgenin imamı başka bir imama, yani büyük bir imama bağlı. O büyük imam o bölge için bir karar vermiş – ki ben buna çok şahidim – o bölgenin imamına söylüyor, o bölgenin imamı da o kararı sanki meşverette alınmış gibi, yani döndüre döndüre oradaki heyete sunuyor, hani mütevelli heyeti deniliyor ya, ama sonuç itibariyla önceden daha gitmeden önce orada söz sahibi olan kişilerle onu konuşuyor. 'Ben bunu konuşacağım, ama sen muhakkak desteklemen lazım'. Yani önceden hazırlanıyor, orada da bütün mütevelli heyet, zaten birkaç kişi de orada sözü geçenler bu konuyu konuştuğu zaman, güya istişare yapılmış gibi oluyor, ama orada o mevzu geçmiş oluyor, yani başta ne karar verilmişse mütevelli heyetinden o çıkıyor, herhangi farklı birşey çıkmıyor' [L.A.]* (Şahinöz, 2018, s.134). Anlaşılan o ki emirler yukarıdan veriliyor, aşağıda istişare heyetinde olanlar dahi, söz hakkı olmadan o emre uyuyorlar.

Aynı şekilde devletin farklı birimleriyle – özellikle yargı, asker, istihbarat ve polis – ilgilenen imamların olduğu söyleniyor[35]. Bu birimlerde teşkilatlanma ve kadrolaşma her zaman tartışma konusu olmuştur. Bir zamanlar hareketin liderlerinden olan Nurettin Veren'e (2007) göre askeriye'de %45, emniyet teşkilatında %75 ve mülkiye ve yargı içerisinde %60 Gülen Hareketi mensubu var. Bu kadrolaştırmayı hızlandırmak ve istenilen şekilde yapabilmek için iddialara göre sınav soruları çalınmış ve sınava girecek olan kendi elemanlarına verilmiş.

WikiLeaks belgelerine göre de, Amerikan Diplomatlar, örneğin, Robert Pearson (2000-2003) 11.03.2003 tarihinde, Eric Edelman (2003-2005) 07.04.2005 tarihinde, Deborah K. Jones (2005-2007) 23.05.2006 tarihinde ve James Jeffrey (2008-2010) 04.12.2009 tarihinde, Amerikan hükümetinine, Gülen Hareketinin mensuplarının tüm devlet sisteminde, askeriye dahil, var olduklarını yazıyorlar. James Jeffrey yazısında, Gülen Hareketinin polisi kontrol ettiğini ispatlamanın imkansız olduğunu, fakat görüştükleri kişilerin hiçbirinin bunu inkar etmediğini yazıyor (The Kansas City Star, 11.08.2016).

Gülen kendisi 1995'de verdiği bir söyleşide kadrolaşma ile ilgili ipuçları veriyor: 'Nuriye Akman: 1989'da ünlü Hisar Camii (İzmir'deki camii) vaazında türban yürüyüşlerindeki çarşaflı kadınların bazılarının erkek, bir kısmınında açık saçık kadınlar olduğunu söylemiştiniz. Bunu dile getirmek için çok güçlü bir

---

[35] İlginçtir ki, dini cemaatler genelde imam, ilahiyatçı vs. yetiştirirken Gülen Hareketi asker, subay, polis, öğretmen, gazeteci yetiştiriyor.

istihbaratınız olmalı. Bunu neye dayanarak söylediniz? Cevap: O mesele olmuştu. Onu kendi kalbim gibi biliyorum. Benim bu mevzuda değişik kesimlerde güvendiğim arkadaşlar var. Hatta ben bir camide vaaz ederken, bugün de bir yerden bir yere giderken, bazı samimi arkadaşlar bir güvenlik tedbiri alırlar, bir kötülük yapılmasın cemaate de bir kötülük yapılmasın diye. Vaaz ettiğim o üç dört sene zarfında hep bu endişeyi taşıdım. Mesela, Süleymaniye gibi bir caminin kapasitesi beşbin ise onbin insan doluyor. Birbiri sırtına secde ediyorlar. Öyle bir yerde caminin bir tarafına bir bomba konsa, bombanın tahribinden daha çok, orada halk panikle birbirini çiğner, öldürür. Hep bundan kortum. Bu endişenin vaazları terkte bir tesiri vardır. O açıdan da arkadaşlar o kürsüde kontrol ederlerdi. Halkın içinde dolaşırlardı. Hatta bazıları camide vaaz dinlerken bazıları orada iki üç saat zarfında oturup bir kelime dinlemezler, hep çevrede dolaşırlar, şüphelendiklerini takip ederler, provokasyoncuların içine girerlerdi. Onu her zaman Sultanahmet'te de, Süleymaniye'de de, Fatih'te de, yaptılar. Çok defa camide kürsüden kendim de arz etmişimdir bunu. Bu tespit oldu. O provokasyon yapanlar emniyet tarafından yakalanınca bazıları öyle çıktı onların´ (Sabah, 26.01.1995). Cemaate yakınlığıyla bilinen Nazlı Ilıcak da Gülen´in istihbarata çok önem verdiğini yazıyor. Hatta Gülen 28 Şubat öncesi, darbeyi planlayan Batı Çalışma Grubu´nun faaliyetlerinden haberdar olmuş ve Tansu Çiller ve Mesut Yılmaz´ı haberdar etmiş. Bunun üzerine bunlar dahi ´Bu Hoca Efendi de niye bu gibi işlere burnunu sokuyor?´ diye merak etmişler (Ilıcak, 03.09.2010). Anlaşıldığı gibi Fethullah Gülen´in istihbaratta da kadrolaşması söz konusu. İleriki yıllarda ortaya çıkan, Hareketin yoğun bir şekilde telefon dinlemeleri de bunu teyit ediyor.

Telefon dinlemeleri ile ilgili eski Diyanet İşleri Başkanı Mehmet Görmez'in verdiği bilgiler de çok önemli. 2011'de Bediüzzaman'in talebesi olan Said Özdemir'in oğlu Kemalettin Özdemir Görmez ile acilen görüşmek ister. Kemaleetin Özdemir o zamanları Gülen Hareketinin en üst yönetici seviyesinde ve birçok gizli olaylara tanık. Özdemir, Harekete hizmet için girdiğini, ancak çok yanlis şeyler yapıldığını ve bu sebepten dolayı Hareketten çıkmak istediğini, mümkünse Medine'ye Diyanet görevlisi olarak atanmak istediğini belirtir. Hareketin çirkin işlerini ilk defa bu kadar detaylı olarak öğrendiıini belirten Görmez, Özdemir'in sınavlara katılmasını ve başarırsa atanabileceğini söyler. Aradan sadece 2 saat geçtikten sonra Gülen Hareketinin halen üst düzey yöneticisi olan Mustafa Özcan Görmez'i arar: 'Mustafa Özcan telefonla beni aradı. 'Sabahleyin görüşmek istiyorum, mümkün müdür?' dedi. 'Buyrun gelin' dedim. 'Büyüğümüz sizin yanlış bir atama yapacağınızı duymuş, lütfen onu yapmayın.' dedi. 'Ne ataması?' dedim. 'Kemalettin Özdemir.' olduğunu söyledi. 'Bu nasıl oluyor, siz beni dinliyor musunuz? Benim 6'da yaptığım görüşmeyi nasıl öğreniyor?' dedim. 'Biz biliriz' dedi. Çıkarken 'Böyle bir atama olursa cemaatimizi karşınızda görürsünüz' dedi." Bununla da kalmıyor, ardından istihbarat Görmez'i aynı meseleden dolayı ziyaret ediyor ve Özdemir ile ilgili çirkin görüntüler göstermek istiyor: 'Bir saat geçmeden özel kalem müdürümüz geldi. 'İstihbarattan acil görüşmek istiyorlar' dedi. Öğleden sonra geldi. Gelen kişi Ramazan Akyürek'in kadrosundan bir kişiydi. Önce kendisi randevu talebinde bulundu veya makamından aradılar. 'Biz emniyet istihbaratta din istismarı masası kurduk. Biriktirdiğimiz bilgileri de 3 ayda bir Diyanet İşleri Başkanlığına arz edeceğiz' dedi. 'Neler var? Bu söylediğiniz kişisel özel hayat ile ilgili' dedim. Üçüncüsünü söyledi. 'Bu da oraya girmiyor' dedim. Dördüncü de 'Kemalettin Özdemir' deyince anladım. Din istismarı ayrı bir şey, insanların özel hayatını takip edip bilgi vermek ayrı bir şeydir. Bilgisayarını açıp bazı görüntüler izletmek istediğini söyledi. 'Derhal burayı terk edin' dedim. 'Ben bu bilgileri vermek istiyordum' dedi. Ben o zaman sordum 'Var mı sizde bir Adnan Oktar dosyası?', 'Hayır' dedi. 'Var mı başka dosya' dedim. 'Hayır' dedi. Ben o dönem Başbakanımız olan Sayın Erdoğan ile paylaştım. Bu hadiseden sonra Diyanet'e itibarsızlaşma operasyonu başladı' (İnternethaber, 19.07.2018)

Mehmet Görmez, telefon dinlemeleri ile ilgili başka bir olayı da aktarır. Temmuz 2013'de Mısır'da Sissi Darbesi günlerinde Görmez, araba yolculuğu esnasında Mısır müftüsünü arar ve dökülen kanları durdurmak için birşeyler yapılması gerektiğini söyler. Görmez ve Mısır müftüsü Ürdün'de buluşup istişare etmeyi kararlaştırırlar. Görmez daha arabadan inmeden, bu telefon görüşmesinden sadece 15 dakika sonra yine Mustafa Özcan arar: 'Mısır müftüsü ile görüştükten 15 dakika sonra FETÖ'cü Mustafa Özcan beni arayarak Mısır Müftüsü ile buluşacağımı bildiğini söyledi. 'Bunu nereden biliyorsun?' deyince 'Müftü'nün kendisi söyledi' dedi. Bana Sisi'nin çocuklarının, torunlarının FETÖ'nün Mısır'daki Selahaddin Koleji'nde okuduğundan bahsetti. Sonra da Sisi'yi öve öve bitiremedi. Benimle Ürdün'de buluşmayı kabul eden Müftü'yü de akşam Mısır televizyonunda Sisi'yi ayakta alkışlarken gördüm' (Milli Gazete, 19.07.2018).

Görüldüğü gibi Gülen'in elemanları her yere yerleşmişlerdi. Kendilerinden habersiz hiç bir işe izin vermiyorlardı. Kadrolaşmaların ana sebebini Gülen'in eski bir röportajından anlayabiliriz: '1960'ta ihtilal olduğu zaman hiç hazmedemedim. Bunu İsmail Gönülalan'a sorarsınız... O gün kaçtık bir köye dönüp geldik. O'na dedim: '[...] Sen bir silah tedarik et. Birer de bomba. Bu meclisi bu adamların başına uçurmazsam bana da bilmem ne demesinler'. Gitmiş bir tabanca bulmuş. Anasıyla da vedalaşmış. Bu fıtrattaydım. Hiç hazmedememiştim. Mecliste bu ihtilalci adamlar milletin reyiyle oraya gelmiş az buçuk Müslümanlığa müsaade etmiş Arapça ezanı yeniden ihdas etmiş kimselere bunu nasıl yaparlar diye affedemiyordum, hiç içimdem atamadım. Hatta 7-8 ay sonra asker oldum. [...] 'Beni genelkurmaya versinler' diyordum. Kafamda sabotaj yapmak vardı. Genelkurmayı havaya uçurmak, bu adamlardan ne pahasına olursa olsun intikam almak istiyordum. [...] Cevdet Sunay yeni genelkurmay başkanı olmuştu. Bir aralık bizim oradaki (Mamak) spor salonunda güreş müsabakaları yaptırdılar. 29. Tümen de oradaydı. Kara kuvvetleri komutanı da vardı. 2. ordu komutanı Cemal Tural da vardı ve biz O'na bağlıydık. O gün ben hep etrafı araştırdım. Bir bomba bulur ve onları havaya uçururum diye. Kafamdan atamadım bunu. Bu his askerliğim boyunca devam etti. Müteheyyiç bir fıtratım vardı. Fakat zamanla makul hizmeti, müspet düşünceyi kabullene kabullene bunları aştım. Yoksa 100 defa böyle şeylerin planını kurmuş, bomba olup patlamanın yollarını aramışımdır. Biraz önceki anlattığım planları hazırlarken Yaşar Hoca'ya bir sorayım dedim: 'Ben böyle şeyler yapmak istiyorum. Nasıl olur? Bu adamların hepsini öldürebilirim' dedim. Bana: 'Oğlum! Ben sana bir şey sorayım: Sen bunları öldürsen bunların yerine sağlam olarak kimi koyacaksın?' dedi. O zamana kadar bunu hiç düşünmemiştim. Çamurun biri gidecek diğeri gelecek. Bu fikrin bana faydası oldu' (Erdoğan, 2016, s. 169ff). Bunun gibi hadiseler Gülen'de devleti içeriden teslim alma fikrini geliştiriyor.

Yapılanmayla ilgili eski bir cemaat mensubunun verdigi bilgiler de, uzun bir alıntı olmasına rağmen, önemli: 'Bu mektubu çok zor şartlar altında yazdım. Merhaba sevgili ülkem, Ergenekon zihniyetinin tasfiye sürecinde olağanüstü bir hiyerarşinin var olduğu cemaat içerisinde bulunmuş birisi olarak, bu yapıyı deşifre edeceğim. Eminim benim gibi düşünen birçok cemaat üyesi vardır ve bu yapıyı deşifre etmek istiyordur. Biz cemaatin Ergenekon vb. zihniyetleri bertaraf etmesi için hizmet ettik, gece-gündüz demeksizin koştuk, koşturduk. Ne yazık ki bugün çok iyi görüyoruz ki, cemaat Ergenekon tipi yapılanmaları tasfiye etmemiş, görev değişiminde bulunmuştur. Bugün aynanın farklı şekilde yansımasını görmekteyiz. Köklü tarihimizin hiçbir döneminde yaşamadığımız kadar büyük bir komployla karşı karşıyayız. Bütün halk olarak önümüzde iki seçenek bulunmaktadır. Başbakanımızın dediği gibi ya millet diyeceğiz ya da zillet. Bugün Başbakanın, dolayısıyla milletin tarafında olmayanlar yarın aynaya bakamayacaklardır. Bugün taraf olmayanlar, size sesleniyorum, yarın bu ihanet şebekesine dur demediğiniz için pişman olacaksınız. Ergenekon ve

Balyoz davası sürecinde adından çokça söz ettiren STK'lar, nerdesiniz? Siz ey memurlar, bürokratlar, esnaflar, doktorlar, sokaktaki adamlar, unutmayın bu yapıyı deşifre etmek istiklal mücadelesinde bulunmak demektir. Bugün vereceğimiz mücadele Çanakkale Destanını yeniden yazmak demek olacaktır. Ben de duyarlı her fert gibi bu vatanın bir neferiyim. Bu satırları yazarken her şeyi göze alıyorum. Sana sesleniyorum ey cemaat, ey cemaat, beni tespit edebilirsin, belki demir parmaklıklar arkasına da atarsın, son gelişmelerden sonra eminim ki beni öldürmeye de kalkışırsın. Senden korkmuyorum, çünkü benim vicdanım var. Benim ve bütün toplumun vicdanı seni boğacak cemaat. Sana inananlar, seninle yola çıkanlar bugün büyük pişmanlık içerisinde ve kafaları karmakarışık durumda. Bu büyük ihanetin bedelini nasıl ödeyeceksin? Cemaate gönül vermiş saf temiz mütevelli abiler, susacak mısınız? Bu gidişe dur demek için iman dolu yüreğiniz de mi yok? Muhterem cemaat elinde kasetler mi var? Doğrusu buna da inanır oldum. Eğer elinde kasetler varsa, son bir gayretle elinde belge tutanlar da var. Elbet bu belgeler gün yüzüne çıkacaktır. Devletim, sana sesleniyorum. Ergenekon ve Balyoz süreçleri isimsiz ihbar mektuplarıyla başladı. Bu isimsiz bir ihbar mektubu değildir. Vatansever cesur savcı yok mu bu memlekette? Yok mu cesur bir başsavcı? Neredesiniz duyarlı adalet dağıtıcıları? Ey adalet, sana olan inancım tükensin istemiyorum, her şeye rağmen senin var olduğuna inanmak istiyorum, ey adalet ve hakikat. Cemaat içerisindeki kişiler kendilerini ve yakın çevrelerini sorguladıklarında benim kim olduğumu sanırım anlayacaklardır. Yukarıda belirttiğim gibi bu büyük badirede ne yaptığımı biliyorum ve bunun mücadelesi için canımı ortaya koyuyorum. Ben kimim ki, ne yapabilirim ki demedim. Bu bir kurtuluş savaşıdır ve ben de bu savaşın ortasındayım. Büyük Türkiye milleti, bu virüs hepimizi yok edecek. Birçok kişi gibi ben de bu cemaatle beraber suç işledim. Beni ve suça ortak olanları yargılamayacak mısın? Ben ve benim gibiler üzerimden bu yapıya ulaşmayacak mısın? Devletim, pişmanım, hizmet hizmet diye koşturduğum için pişmanım. Oysa ben her şeyi senin için yaptığımı sanıyordum devletim. Ne olur ayağa kalk Türkiye! Mesele Tayyip Erdoğan meselesi değil, mesele Tayyip Erdoğan üzerinden ayağa kalkan büyük Türkiye milletini bertaraf etmektir. Kendimi ihbar ediyorum. Öğrencilerim oldu, gayri ahlaki yöntemlerle devlet içerisine sızan, sızdıran kişiler oldu. Bu ülkede büyük bir paralel devlet yapılanması vardır. Bu ülkede paralel devletin kendisini feda eden savcıları var, evet görüyoruz varlar, ama bu ülkenin adaletli savcıları yok mu, adalet dağıtan hakimleri yok mu? Benim payıma düşen kısmı açıklıyorum. Her ülkede olduğu gibi Türkiye'nin de başında bir imam vardır. Türkiye yedi bölgeye bölünmüştür. Her bölgenin başında da yine bir imam vardır. İç Anadolu Bölgesinden örnekler vererek bu paralel yapılanmanın köklerini açıklayalım. Başındaki imamla beraber bir eğitim danışmanı bulunmaktadır. İmam daha çok işin finansal ayağını oluşturan esnaf sisteminin uygulanmasını sağlar, kısmen de olsa paralel yapıyı oluşturan talebe kısmından sorumludur. Paralel yapının temelini oluşturan talebe kısmının başında eğitim danışmanı bulunmaktadır. Talebe kısmını detaylıca anlatmadan önce bölge sistemini anlatacağım, hemen akabinde talebe kısmına geçeceğim. Cemaatin finans, yani esnaf boyutu: İç Anadolu bölgesi 23-24 ilden oluşur. Üstte İç Anadolu imamı, altında 23-24 ilin imamları. İller, büyük iller ve küçük iller olarak ikiye ayrılır. Büyük illerde illerin altında en az iki olmak üzere eyaletler olur. Her eyaletin en az üç büyük bölgesi olur. Büyük bölgeler ise en az üç küçük bölgeden oluşur. İl imamı - eyalet imamı - büyük bölge imamı - küçük bölge imamı. İmamlar işin para kısmından ve maddi anlamda her şeyden sorumludurlar. Küçük bölgelerin parası büyük bölgenin muhasebecisinde toplanır. Her büyük bölgenin bir muhasebecisi, her eyaletin bir muhasebecisi, her ilin bir muhasebecisi... Yapı yukarı doğru bu şekilde sıralanır. Alt üst ilişkisi askeri bir hiyerarşiden daha sistemlidir. Ayrıca toplanan paralar için hiçbir zaman bir esnafa makbuz verilmez. Bölge imamına ve muhasebecisine sonsuz güven vardır. Bu arada her küçük bölge en az yedi sekiz evden oluşur, kimi bölgelerde on üç, on dört ev bulmaktadır. Bu arada bir konuyu es geçmemem gerekiyor: Zaman Gazetesi. Her büyük bölgenin bir gazete mesulü bulunmaktadır. Mesulün görevi, mütevelli esnaflar üzerinden gazeteye abone bulmak ve abonelerin takibini yapmaktır. Her mütevellinin gazete hedefi vardır. Tiraj önemli olduğu için okunsun, okunmasın birinin gazeteye abone olması için okuryazar olmasına da gerek yoktur. Söz konusu tirajsa gerisi teferruattır. Abonelikler yıllık yapılır, çoklukla kredi kartıyla yapılan bu abonelikleri iptal etmek de mümkün değildir. Bazı dönemlerde bir esnaf yirmi otuz abone hedefi alır ve bunu gerçekleştirir. Öğrenci evlerinde ev imamları evde kalan her öğrenciyi abone yapmakla mükelleftirler. Paralel yapı temelini oluşturan talebe boyutu: İç Anadolu eğitim danışmanı. Eğitim danışmanının altında üniversite mesulü, mezun mesulü, devre mesulü (lise 1, 2, 3, 4), emineri mesulü (hizmet evinde kalmayan kişiler ve evleriyle ilgilenmek amacıyla oluşturuldu), kek mesulü (üniversiteyi kendi ilinde okuyan öğrenciler için oluşturulan yapı), lise mesulü, ilk öğretim mesulü, imam hatim mesulü... Bu şekilde sıralanıp gitmektedir. İllerin başında il eğitim danışmanı olur ve yapı yukarıdaki hiyerarşiyle aynı şekilde sıralanır. Büyük illerin altında eyalet eğitim danışmanı (etm) ve onun altında yine aynı hiyerarşik yapıyla eyalet mesulleri bulunur (exm) Eyaletin altında ise büyük bölge talebe mesulleri (bbtm) ve altlarında büyük bölge (bbxm) mesulleri bulunur. Büyük bölgenin altında bölge talebe mesulü (btm)... Yapı üstten alta aynı şekilde sıralanır. Küçük illerde ise il eğitim danışmanının (ed) altında büyük bölge talebe mesulleri ve diğer mesuller... Yapı hep aynı sistem üzerinde inşa edilmiştir. Her mesulün farklı görevleri vardır. Şimdi verilen görev ve özelliklerini açıklayacağım. Lise, mezun ve ilköğretim mesulleri paralel yapının omurgasını oluşturur. Bu üç mesullüğün hazırlık kısmını anlattıktan sonra, öğrencinin aile boyutu, öğrencinin ibadet şekli, öğrencinin okuldaki takibi vs. gibi durumları açıklayacağım. Lise mesullüğü: Burada amaç Türk Silahları Kuvvetlerine ve Polis Akademisine hazırladıkları öğrencileri göndermektir. Türk Silahlı Kuvvetlerinde her komutanlık kod isimlerle şifrelenmiştir. Deniz Kuvvetleri: Dursun Bey, Hava Kuvvetleri: Hüseyin Bey, Jandarma: Cüneyt Bey, Kara Kuvvetleri: Kürşat Bey. Polis Akademisi ise (pa) kod adıyla geçer. Bu kısımda lise son sınıfta ya da yeni mezun olmuş kişilerle ilgilenilir. Yetiştirilen öğrencilerin en az iki üç yıl hizmet geçmişinin olması gerekmektedir. Tam beşlik şakirt olmadan öğrenci bu sınavları kazanamaz. Herhangi bir zaafiyet gösterirse süreç içerisinde elenir, kendisiyle ilgilenilmiş gibi gösterilir, ancak sınav aşamasında ve sonrasında herhangi bir şey yapılmaz. Daha önce Fetih okutulurdu (Fetih okutmak demek; sınavda çıkacak soruların öğrencilere okutulup ezberletilmesi demektir). Kopya skandallarından sonra Fetih okutma işlemi ÖSYM'de bulunan Bilgi-İşlem birimindeki paralel devlet elemanları tarafından bir yol bulunarak (kodlama şeması vb. gibi) sınavlarda öğrencilerin yüksek puan alması sağlandı. Sınavlardan sonra mülakat aşamasında çok büyük torpil bulamayanlar dışında, kişi cemaate mensub değilse bu sınavları kazanamaz ve askeri okullarda okuyamaz. İlköğretim mesullüğü: Cemaatin en önem verdiği mesullüğün başında gelir. Öğrencinin cemaatsel her türlü donanıma sahip olması için ne gerekiyorsa yapılır. Öğrenci ile abi arasında müthiş bir bağ kurulmaya çalışılır. İlk öğretim öğrencisi için abisi onun her şeyi olmalıdır, hatta anne babasına abi diye seslenen çocuklar olmuştur. Bir abinin dört ya da en fazla beş öğrencisi olur. En az iki üç yıl bu çocuklarla ilgilenilir. Hazırlanan öğrenciler Polis Koleji ya da Askeri Kolejlere yerleştirilir. Sınavlardaki hukuksuzluk ve kopya işlemi burada da geçerlidir. Mezun mesullüğü: Bu mesullük diğerlerine göre daha çeşitlidir, çünkü lise, önlisans ve üniversiteden mezun olan herkes bu kapsamdadır. Bölgede kalan her öğrencinin şakirtlik derecesi vardır (2, 3, 4, 5 gibi). Hangi kurumun, hangi birimin ne kadar elemana ihtiyacı varsa, şakirtlik derecesine göre öğrenciler buralara yönlendirilir ve sonraki aşamalarda da göreve gelinceye kadar gereken aşamalar ayarlanır. Örneğin; konsolosluk elemanı alacaktır, devreye hemen konsolosluk birimi girer, İç Anadolu mesulüne söyler o da mezun toplantısında her ile düşen kadro sayısını söyler ve bu kadrolara yerleştirilecek elemanlar

84

belirlenir. Milli İstihbarat Teşkilatı için istenilen kişinin tam beşlik şakirt olması gerekmektedir. İletişimle ilgili oluşturulmuş birimler mevcuttur. Bu birimlerin açtıkları evler vardır, iletişim mezunu olan öğrenciler bu birimdeki kişilerle görüştürülür ve kabul edilirlerse evlere alınır. Evlere alınan bu kişiler bir iki yıl maddi manevi anlamda şakirtik programından geçirilir. Kaymakamlık, Sayıştay, Maliye Bakanlığı, Gümrük Muhafaza Müdürlüğü... Aklınıza kadroyla ilgili ne kadar kurum gelirse, bütün kadro ihtiyacı bu evlerde kalan kişilerle giderilir. Bu evlerde kalan kişinin meslek sahibi olmaması imkansızdır. Öyle ya da böyle mutlaka bir kuruma yerleştirilir. TSK (lise mesullüğü kısmındaki kodlar burada da geçerlidir. Kürşat Bey, Cüneyt Bey, Temel (önlisans astsubay), Kasım (kara ast subay) Hüseyin, Dursun vs.) gibi kod isimler kullanılır. Önlisans ve lisans mezunlarının alımlarıyla ilgili işlemi yine mezun mesulleri yapar. Mezun mesulleriyle ilgili TSK alımları Doktora-Master olarak kodlanmıştır. TSK alımları için hazırlanan elemanlara Doktora-Master denmektedir. TSK ve Polis Akademisi için hazırlanan ve yönlendirilen kişiler genellikle bölgede vazife yapan kişiler içerisinden seçilir. Seçilen kişilerin önce TC kimlik numarası verilir. TC kimlik numarası ile yapılan güvenlik ve istihbarat araştırması sonucunda kişinin kuruma girip giremeyeceğine karar verilir ve ondan sonra hazırlık aşamasına geçilir. Her sınavda olduğu gibi buralarda da gerektiği durumlarda devreye girilir ve yüksek puan alınması sağlanır. Adliye için Hakim ve Savcı (hakim ve savcının kod ismi Hasan Bey'dir) dışındaki bütün personel ihtiyacı yine mezun mesulü üzerinden karşılanır. Zabıt katibi, infaz koruma memuru, mübaşir, şoför, kaloriferci, sosyolog, psikolog, öğretmen, cezaevi idare memuru, hizmetli dahil bütün ihtiyaçlar buradan karşılanır. Zabıt katibinin kodu erkeklerde Zekai Bey, bayanlarda ise Zekiye Hanım'dır. Mübaşirin kodu Beşir Bey, infaz koruma memurunun kodu ise Nafiz Bey'dir. Adliye birimi diye oluşturulan bir yapı mevcuttur. Bu yapıda diğer yapılarla aynı hiyeraşik benzerlik göstermektedir. Türkiye Adliye İmamı, diğer yedi bölgenin imamları ve bunlarla beraber hareket eden yedi bölgenin talebe mesulleri. Yapı aşağıya doğru sıralandığında yine aynı benzerliği gösterir; İl Adliye İmamları ve İl Talebe Mesulleri. Adliye imamları, adliyede çalışan hakim savcı dışındaki bütün personelden sorumludur. Personelin bursları ve haftalık sohbetleri bu kişi tarafından denetlenir. Evliler maaşlarının yüzde beşini, bekarlar ise maaşlarının yüzde onunu burs olarak vermektedirler. Ayrıca sınavı yeni kazanan bir memur ilk maaşının tamamını bu birime vermektedir. İmamın altında gurup mesulleri ve 5a'lar vardır. Adliyede uçan kuştan bile bu 5a'ların haberi olur. 5a bu birimin en önemli mekanizmasıdır. Adliyedeki çalışan 4 ve 5 dereceli kişilerden adliye çalışanları hakkında yazılı istihbarat toplarlar, önemli davaların dökümünü alıp merkeze götürürler. Hakim ve savcılar sürekli takip altındadır. 5a gözetim mekanizması sürekli çalışmaktadır. Adliyelere adam yerleştirme işini talebe mesulleri yapmaktadır. Mezun mesulleri buldukları lise, önlisans veya lisans mezunlarını bu birimdeki cemaat abileriyle tanıştırırlar. Tanıştırılan kişilerin yetiştirilmesi ve her şeylerinden bu birimdeki kişiler sorumludur. İlin talebe mesulünün altında, büyük illerde eyalet mesulleri, küçük illerde ise sadece bir il talebe mesulü bulunur. Her mesulün altında gurup abileri bulunur. Gurup abileri adliyede çalışan zabıt katipleri ya da icra müdürleridir.

Ankara ilinde Danıştay ve Yargıtay çalışanları da grup abiliği yapmaktadır. Her grup abisinin sorumlu olduğu altı yedi öğrenci vardır. Öğrenciler şakirtlik derecelerine göre guruplandırılırlar. Klavye öğretimi, kaset dinleme, kitap okuma vs. Grup abisi öğrencinin her şeyinden sorumlu olup sınava yakın zamanda son derecesini vererek, derecesine göre önceden belirlenen adliyeye başvuru yapması sağlanır. İlk maaş ve maaşın yüzde beşi ya da yüzde onunun verilmesi konusunda söz alınır. Bu arada cemaatin bütün birimlerinde TC sorgulaması yapılır. İstihbarat ve Emniyet'teki uzantılar bu fişlemeyi yapmaktadırlar. Danıştay ve Yargıtay'da yapılan sınavlarda Fetih okutma işlemi yapılırken Adliyelerde bu mümkün değildir. Bir önceki Danıştay ve Yargıtay sınavlarında adaylara boş kağıtlar imzalatıldı ve sınav komisyonu tarafından hazırlanan yazılması imkansız metinler boş kağıtlara paralel uzantılar tarafından dolduruldu ve kendi istedikleri kişilerin yerleştirilmesi sağlandı. Bağımsız bir denetleme kurulu devreye girip bundan önceki yapılan sınavları tekrarlatırsa şimdi Yargıtay ve Danıştay'da çalışan personelin hiçbirinin kendilerine verilen metinleri yazamayacakları görülecektir. Bu sınavların şaibeli olduğu bu şekilde pekala ispatlanabilir. Hasan Bey olarak kodlanan hakimlik ve savcılık birimi en gizli birimlerden birisidir. Hukuk okuyan kişiler mezuniyet sonrası özel cemaat evlerinde kalıp hakimlik savcılık için ilk basamağı geçmiş olurlar. Birimler hakkında önemli bilgiler: - Lise, ilköğretim ve mezun mesullüğü için TC kimlik numarasını önceden verip kişinin potaya girmesini sağlamak önemlidir. - Bu üç mesullüğün görev alanında olan öğrencinin annesinin başı Anadolu usulü kapalıysa sorun yoktur, ancak türban şeklinde bağlıysa ya açtırılıp, ya da Anadolu usulü kapatılıp fotoğraf çektirilir ve TC kimliği çekilen fotoğrafla değiştirilir. - Öğrenci kazandıktan sonra ailesi sıkıntı yaparsa ailesinden gizli görüşülür. - Öğrenci kazandıktan sonra, kendisini hazırlayan abisi ya da başka bir abi belirlenerek takip edilir. TSK ya da Polis Akademisinde okuyan öğrenciyle her hafta görüşülür. Öğrenci başka bir şehirdeyse ilgili abisi her hafta, ya da iki haftada bir öğrenicinin olduğu şehre gidip, önceden belirlenmiş esnaf evinde altı yedi saat manevi bir programla vakit geçirir. Cuma, Cumartesi ve Pazar günleri özellikle İzmir, Balıkesir, İstanbul ve Ankara seferleri yapan otobüslere bakın, kot ya da keten pantolon giyen, spor giyimli gözcü şakirt abilerle mutlaka karşılaşırsınız. Şehir dışına çıkan abinin bütün yol masrafı ve diğer giderleri öğrenciyi hazırlayan bölge tarafından karşılanır. Okul bitene kadar bu işlem böyle devam eder. Her bölgenin doktoru vardır. Doktorun görevi kazanan öğrencilerin gözcülüğünü yapan kişilerle görüşmek maddi ve manevi ihtiyaçlarını karşılamak ve durum değerlendirmesi yapmaktır. Doktor, TSK ve Polis Akademisinde okuyan öğrencilerin takibini gözcü abileriyle yapar. Haftasonu işi de denen bu işin takibi için doktorlara ayrı bir fon oluşturulur, maddi anlamda öncelik doktorlara verilir. Bu iş için bütün gider, yol parası ve rehberlik parası muhasebeciden alınır. - Öğrenciler okulu bitirdikten sonra birimlere devredilir (Birimler Emniyet ve TSK birimleridir. Bu özel birimlerdeki kişiler hücre yapılanmasına aldıkları TSK ve Emniyet personellerini tek kişi ya da iki, üç kişilik guruplarla takip ederler. Birimlerin abileri bölgelerde uzun yıllar görev yapmış cemaat mensupları içerisinden seçilir. Birime giren herkes ya bir dershanede ya da bir devlet kurumunda çalışıyordur. Dershanelerin kapanması bu yüzden de büyük sıkıntı oluşturacaktır. Dershane bu örgütün can damarını oluşturmaktadır. Cemaatin insan kaynağı dershanelerden karşılanır.) - Öğrenci ibadetini ima ile yapar. Okurken de göreve başladığında da ima yoluyla ibadet eder. Abdest teyemmüm ile alınır, toprak yoksa duvar kullanılarak teyemmüm yapılır. Namaz için üç nokta seçilir ve üç noktaya bakarak kılınır. Uyurken, derste otururken, ya da kitap okurken kıbleye dönmüş şekilde üç ayrı nokta seçer ve ibadetini bu şekilde noktaları takip ederek kıyam, rüku ve secde şeklinde gerçekleştirmiş olur. - Öğrenci okulu bitirdikten sonra yeterli donanıma sahip değilse birim tarafından kabul edilmez. Bu kişi kendisini gönderen bölge ve abileri tarafından aynı şekilde takip edilir, ta ki birim kendisini kabul edene kadar. Birimin kabul etmediği kişi artık arızadır ve 'ümit' ismiyle kodlandırılır. - Hizmet ya da paralel devlet dediğimiz yapılanma içerisinde bölgesinden birimlerine kadar herkes müstear isim kullanır. Herkesin bir kod ismi vardır. Kod isim kullanan her abinin kendi üstüne kayıtlı olmayan bir telefonu vardır. Ülkemin tertemiz insanları adınıza kayıtlı kullanılan başka hat var mı yok mu bunu mutlaka sorgulayınız. Mezun mesulünün diğer görevi POMEM diye adlandırılan lisans mezunlarının polis olmasını sağlamaktır. Önceki senelerde bütün sorumluluk mezun mesulüne aitti. Mezun mesulü adayın derecesini verir ve verilen bu dereceye göre polis olması sağlanırdı. Kazandıktan sonra okula başladığı gün ya da önceki gün polis okullarının bulunduğu illerdeki POMEM birimine teslim edilirdi ve mezun mesulünün görevi burada biterdi. Daha sonra POMEM birimi yeni sistem geliştirdi ve alınacak kişiler bu birim tarafından görülüp mülakat yapıldı. 3, 4 ve 5 olan dereceler bu kişiler tarafından verildi. Altı aylık eğitim süresince hafta sonları yapılan organizasyonlarla sınıf sınıf çoğu zaman gizlilik bile olmaksızın bir araya geliniyor. Burada da her sınıfın cemaat mesulü bulunmaktadır. Okul bittikten sonra kura çekimi yapılır ve gittikleri illerde mevcut sistemli yapıdaki elemanlarla tanıştırılır ve aktif paralellik görevine başlar. Sıradan polisler için ayrı, polis akademisinde okuyanlar için ayrı gruplar mevcuttur. Polis Akademisinde okuyanlar TSK'nın üst personeliyle aynı statütedir. Gizlilik ve ibadet şekli aynı şekilde olur. Devre mesullüğü: Devre mesullerinin görevi ise lise mesullerine öğrenci hazırlayıp devretmektir. Ayrıca polis meslek yüksek okullarına öğrenci hazırlamayı da bu mesullük yapmaktadır. Aynı yöntemlerle hazırlanan PMYO adayı sınavı kazandıktan sonra PMYO öğrencilerini takip eden birime devredilir. PMYO öğrencileri bölge tarafından takip edilmez, bu kişiler için ayrıca şehir dışına çıkılmaz. Bütün sorumluluk artık PMYO birimine aittir ve PMYO biter, görev yeri belli olur. Yine paralelliğe aktif olarak başlanmış olur. Cemaatin bütün birimlerinde maaşın belli bir oranının burs olarak verilmesi vardır. Tabii ki bu da gizlilik esasına göre yapılır. Üniversite mezun mesullüğü: Bu mesullüğün temel amacı hizmet evlerine yeni kişiler kazandırmaktır. Cemaat evlerinde kalan kişiler okullarındaki kişileri evlerine yemeğe davet edip farklı aktiviteler gerçekleştirip cemaati sevdirmeye çalışırlar. Kimi zaman bu yurt içi gezileri olarak da kendisini gösterir. Bu mesullüğün farklı bir boyutu da cemaat evlerinde kalan kişilerden kendi sınıflarında okuyan kişiler hakkında toplanan istihbarattır. Her üniversite mesulünün elinde bütün üniversite listesi bulunur. İsim isim kiminle ilgilenilebilir kiminle ilgilenilemez, her boyutuyla araştırılması yapılır. Kim ülkücüdür, kim solcudur, kim ak partilidir, kim hangi cemaate mensuptur. Havuzda toplanan bu bilgileri Milli İstihbarat Teşkilatı bile toplayamaz. Karşımızdaki olağanüstü bir sistemle oluşturulmuş devasa bir örgüt bulunmaktadır. Bu süreçte sanırım herkes bunu çok derinden hissetti ve yaşadı. Bu örgüt eğitimde ve bürokraside dünyanın en geniş ağına sahip bir örgüttür. Bugün artık paralel devlet demek yanlış olur, devletin en stratejik yerlerinde var olup devletten daha büyük bir devlet haline gelmiştir. Unutmayalım ki her dörtlük ve beşlik cemaat mensubu aynı zamanda bir fişleme ustasıdır. Yazacaklarımın ardı arkası kesilmeyecekmiş gibi, yazdıkça büyük tablo daha net olarak ortaya çıkıyor. Son olarak şunu belirtmeliyim ki; cemaatin başka cemaatlere de tahammülü yoktur. Cemaat her yerde olmak, her yeri virüs gibi kaplamak istiyor. Cemaat tek egemenliğin kendisinde olmasını istiyor. Başka cemaatlere mensup kişiler 6 derecesi ile kodlanmıştır. Çoğu zaman 6 demek devlet memuru olamamak anlamına gelmektedir. Diğer bütün mesulluklerde sistem aynı şekilde işlemektedir. Sistemin uygulanış biçimi farklı olabilir, ancak her şey bu temel esaslara göre dizayn edilmektedir´ (Haber10, 31.12.2013).

İletişimi gizli gerçekleştirebilmek için Gülen Hareketi telefonlar için kendi programladığı Bylock programını kullanıyordu. Bu programı kısa süre internette herkesin indirebilme imkanı olmuşsa da, Hareket tarafından hemen internetten geri çekilmiş. Programı sadece hareketin mensupları, teknik elemanlardan onay geldikten sonra, 38 hanelik şifreyle kullanabiliyorlar. Bylock'da 215092 hesap, 31886 grup ve toplam 17169632 mesaj mevcutmuş.

Esnafların 'Himmet toplantılarında', yani para toplama toplantılarında, nasıl kandırıldığını yine söyleşi yaptığımız Almanya'dan eski Gülen Hareketi mensubu L.A. da anlatıyor: *'Para toplama mevzusunda, esnafların toplanacağı zaman, daha çok kadınların toplanması meselesinde, genelde Kadir Gecelerinde para toplanıyor. Ama önceden o bölgeden sorumlu olan imamı çok büyük hazırlıklar yapıyor ve listeler oluşturuyor, kimler o akşam çağırılacak diye. Ve özellikle o akşam orada konuşacak kişi de çağırılır, genelde başka memleketten. Sadece ve sadece bu iş için gelip, konusuna hakim, para toplama noktasında çok güzel hazırlanmış, Kur'an'dan, Hadis'den, işte diğer artık filimler olsun, yaptıkları şeyler olsun, çok uzun bir çalışma sonucu o akşam sunuluyor. Buraya kadar bir problem yok. Asıl problem şu, toplantıya, yani o Kadir Gecesi para toplamaya gidilmeden önce, bir kaç kişi önceden çağırılıyor, ben de daha önce de dediğim gibi şahidim buna, 'Senin burada şu kadar demen lazım, böyle demen lazım, ki diğer insanlara da aşk, şevk olsun.' Yani o kişinin verip vermediği tabi o kadar aranmıyor ama muhakkak çıtayı yüksek tutması gerekiyor. Sonradan öder ödemez o mevzu biraz farklı. Yani çıtanın yüksek tutulması için muhakkak önceden hazırlıklı oraya geliniyor, yani önceden emir veriliyor. [...] Kadınların para toplaması, orası daha acaip. Şimdi o imamın, diğelim hanımı da eğer görevliyse yada görevli bir kadın, kadınları topluyor. Hatta bazen imamla birlikte oluyor, bazen erkeklerle birlikte oluyor, bazen de tek oluyor. Ama şahitle söyleyebilirim, şimdi kadın imam böyle çağırıyor,*

*işte 'Paranız yoksa da, şunumu yapamıyorsunuz?',
çıkarıyor hemen kolundaki iki tane bileziği, masaya
koyuyor, 'Bak ben çıkardım' falan diye herkes neyi
varsa, bileziği, küpesi, yüzüğü filan, herşeyi, ne varsa,
öyle bir hava oluşturuluyor. Ondan sonra onlar
dökülüyor tabi o havaylan, yüzükler, şunlar bunlar. Ve
işin en acı tarafı da maalesef o kadın hoca tekrardan
onları topluyor, herşeyi koyduktan sonra, kendi
bileziklerini alıp koluna takıyor. Tabi bu da işin diğer bir
acı tarafı. Ama şu bir gerçek, yani uzun vadeli plan
yapılıyor ve o plana göre de bu işler yürütülüyor yani,
yani şer de olsa ihlasla çalışıyorlar' [L.A.]* (Şahinöz,
2018, s.150ff).

Aynı düzenbazlık kurban ve olimpiyat
meselesinde de göze çarpıyor: *'Bir de kurban toplama
meselesi, o tamamen komik bir şey. Her bölgedeki
sorumluya diyorlar ki, mesela 'Sen bu sene 200', geçen
sene zor 70 getirmiş, 200. Öbürüne de şöyle diyor, tabi
bütün toplantıda oluyor bu, herkese böyle görev dağılımı
yapıyorlar, sonra toplantıda 'Sen ne kadar, sen ne kadar'
diye, herkes işte 'Ben 250, şu bu' filan diye, yani
toplamasıyla hava atılıyor bir nevi. Ama toplamayı sana
anlatayım. Komiklik şu, diyelim kendi bölgesinden 200
istenildi ama 50 çıktı, yada 75 çıktı. Çaktırmadan, gizli
gizli başka bölgelere giriyor ve onlardan bir nevi kurban
çalıyor. Yani başka yerlerden kurban çalarak, onlara
haber vermeden, asıl toplantıya işte 'Ben 200 buldum'
falan diyor, ama bir nevi yalan, o da tabi orada şey
yapılmıyor, bahsedilmiyor, yani maalesef bu da güzel bir
şey değil. [...] Aklıma gelmişken, mesela Olimpiyatlarda
ülke sayısı hani varya, çok olsun diye. Tabi orada da
tamamen yalan dolan işleri çok fazla. Mesela diyelimki*

93

bir ülkeden – buna ben şahidim – o ülkeden o gün şarkı söyleyen, o olimpiyat senesinde bulamadılar. Başka bir ülkeden, o ülkenin bayrağını taşıttırarak sanki o ülkedenmiş gibi onu maalesef o kadar insanın önünde o gencecik çocuğu yalan bir durumda bırakarak, öyle o bayrak ile yürütüyorlar. Maalesef o ülkeden hiç kimse yok, ama başka bir ülkenin genci o başka katılamayan ülkenin bayrağıyla olimpiyatlara katılıyor. Hedef nedir, 100'dü 110'a çıkarmak için. Yani 110'a çıktıydı, 109'a çıksa ne olacak? Ama burada çok sayının önemi olmasından dolayı ihlas yok, birşey yok, kandırma var, yalan var, herşey var işte' [L.A.] (Şahinöz, 2018, s.152).

Ezoterik, Rüyalar ve Mehdilik

Devleti içten ele geçirmeyi hedefleyen masonik bir yapıyı[36] andıran Gülen Hareketinin öteki yüzü ise ezoterik bir yüz. Tariflerde gizemli, büyü ve rüyalarla hareket eden bir Hareket ortaya çıkıyor.

Özellikle rüyalara harekette sürekli atıf yapıldığını görüyoruz. Recep Tayyip Erdoğan'a başlangıçta destek vermeleri dahi Fethullah Gülen'in 2004'de bir rüya görmesinden sonra baslamış: 'Takkeyle mağaraya giren Başbakan Erdoğan, generallerle birlikte üniforma giyerek mağaradan çıktı' (Time Türk, 30.12.2013). Bu rüyadan sonra Ak Parti'ye destek veriliyor. Gülen'in gördüğü bu olayın tam tersine bir rüya da daha sonra anlatılmaya başlanır: 'Hazreti Peygamber Efendimiz, Başbakan Erdoğan'a şiddetli bir tokat atmış. O tokattan sonra Erdoğan birden kaybolmuş' (Güler, 2014). Ak Partiyle kavga esnasında cemaatten olan Tuskon yetkilisi birinin '3 arkadaş 'Peygamber Efendimiz rüyama girdi, sosyal medyada Tweet sayılarını ikiye katlayın buyurdu' diyor' demesine Gülen'in 'Siz de öyle yapın' demesi[37] (Time Türk, 30.01.2014) ve

---

36 Gülen Hareketi, Recep Tayyip Erdoğan tarafından şii olan Hasan bin Sabbah'ın 1090 – 1273 senelerinde aktif olan Haşhaşilere de benzetildi: 'Büyük Selçuklu devletinde Haşhaşiler denilen gözü dönmüş, gizli bir örgütün devlet bünyesini nasıl esir almaya çalıştığını, düşmanlarla İşbirliğine gittiğini asırlar önce gördük. Türkiye Cumhuriyeti devleti, bu sinsi virüslere, sızıntılara asla geçit vermez' (Milliyet, 14.01.2014). Haşhaşiler hem bir tarikattı hem de siyasi bir örgüt.

37 Geçmişte de Gülen Hareketi internet anketlerinde aynı stratejiyi kullanıyordu (Şahinöz, 2008a).

STV'nin 'Şefkat Tepe' dizisinde[38] peygamber'in gökten ışıklar içinde indirilip bir kamyonete bindirilmesi (Sabah, 11.02.2014) de aynı düşünce tarzını gösteriyor.

Ezoterik bir düşünce tarzı Fethullah Gülen'in bir Türkçe Olimpiyatları sonrası söyledi sözde de belli oluyor: 'Hazreti Peygamber Türkçe Olimpiyatları'na katıldı, bunu da birçok gönül eri gördü' (Güler, 2014). Aynı şekilde bir sohbetinde Osmanlı Padişahı 2. Murat'ın (1403-1451) ruhaniyetinin kendisini Sabah Namazı'na kaldırdığını ifade ediyor (Yeni Akit, 27.08.2016).

Latif Erdoğan, bizzat Gülen'in ağzından 'Şimdi ben doğrudan Allah'la konuşuyorum desem, bazıları bana deli derler' ve 'Allah benimle konuştu. 'Doğru, ben kainatı Muhammed'in hatırına yarattım; ama senin hatırına devam ettiriyorum'' cümlelerini duyduğunu ve öfkelendiğinde bir çok defa 'Ben öfkelendiğim zaman dışarıda rüzgar olur, fırtına olur, deprem olur' söylediğini belirtiyor (Erdoğan, 2016, s.33).

Psikolog Alfred Adler'e göre rüyalar kişinin hayat amacından bağımsız değildir. Dolayısıyla hayat amacımız rüyalarımızı etkiler. Rüyalarımızdan da tekrar bizi hayat amacımıza götüren yorumlar çıkarırız. Fethullah Gülen de gördüğü rüyaları kendi amacına göre kullanıyor: 'Yani aslında Gülen rüyasında peygamberimizi görmüyor, peygamberi böyle yapacağına inandığı için yardım olarak rüyasına peygamberi sokuyor

---

[38] STV'de uzun yıllar yayınlanan 'Sırlar Dünyası' dizisi ise, müslümanları pasifliğe alıştırıyordu (Şahinöz, 2004).

ve tabii ki de gördüğü aslında Peygamber değil' (Medya Gündem, 17.02.2014).

Dini literatürün kendi lehine yorumlanıp kullanılmasını Gülen Hareketinde görmek mümkün. Mensuplarının Fethullah Gülen'i olağanüstü veya mehdi olarak görmeleri hatta geri dönmüş Hz. İsa olarak görülmesi iddiası dahi var. Bu iddiayi Gülen iki sene Manisa'da görev yaptığı dönemde kendisiyle görüşen Ali Katıöz'den dinleyelim: 'Bir keresinde İzmir'de hocaya şöyle söylemiştim. 'Hocam, senin anan belli, baban belli, dedikodu her tarafa yayıldı, size herkes Mesih diyor demiştim.' Hatta 'Hz. İsa değilim de, artık konuş, bu fitne bastırılsın' da demiştim. Gülen'de şöyle dedi 'Peygamber olana peygamber değildir demek küfürdür, peygamber olmayana peygamberdir demek de küfürdür'[39] demişti. Yani bu dedikoduyu yaydıran da kendisi ve bundan memnuniyet duyuyordu. Akli dengesinde sıkıntı olduğunu düşünüyorduk' (Sabah, 04.08.2016). Gülen kendisi bu durumu bir röportajda izah etmeye çalışıyor: 'Bu işi hususi büyütüp şişirenler oldu. Yine ismini veremeyeceğim (Ali Katıöz; Yazarın Notu). Esas Manisalıydı. Başka bir beldede imamlık yapıyordu. Hiç bilemiyorum ben bu meseleleri. Bana oturdu böyle sordu bunu. Dedim ki: Kim ben 'O'yum derse kafir olur. Çünkü enbiya değildir demek küfürdür. Enbiya olmayanın enbiyayım demesi de küfürdür. Bana düşen buydu. Fakat gitti meseleyi şöyle ifade etti: 'Ben değilim, demedi'' (Erdoğan, 2016, s.34). Latif Erdoğan, Gülen'ın 'kendisine isnat edilen Mesihlik karşısında, hem

---

[39] Gülen vaazlarında da sürekli yüzeysel konuşur ve konuşmalarını çok yönlü yorumlamak mümkün.

bu isnadı yapanlar hem de bunu ret edenlere tavrının hep dolaylı´ olduğunu söylüyor (Erdoğan, 2016, s.36).

Fethullah Gülen kökenlerininin peygamberimizin ailesine dayandığını ifade ediyor (Erdoğan, 1995, S.33) ve ismini "Muhammed Fethullah" olarak kullanıyor. Bu durumun böyle olması tartışmalarda büyük önem taşıyor, çünkü peygamberimizin ailesine ait olmak, onun ailesinden gelmek dini tartışmalarda büyük bir avantaj sağlayabilir, çünkü söylenenlere ve yazılanlara meşruluk kazandırır.

Fethullah Gülen vaazlarında genelde İslam tarihinden ve sahabelerden örnekler vererek kendi konumlarını yorumlamaya çalışır. Bunu yaparken çok yüzeysel kalır ve herşeyi dolaylı olarak ifade eder. Örneğin somut bir olay ile ilgili konuşacaksa dahi, asla o olayı zikretmez, şahısları zikretmez, İslam tarihinden örnekler verir ve o olayda nasıl davranılması gerektiğini anlatır. Bu şekilde her zaman ´Biz o olay hakkında konuşmadık´ ifadesi mümkündür. Takipçileri ise o sohbetlerden kendilerine vazife ve davranış biçimleri çıkarırlar. Ayrıca vaazlarında sıkça ağlayarak[40] duygusal bir atmosfer oluşturulur.

Fethullah Gülen bir röportajında küçük yaştan itibaren dikkat çekme isteği olduğunu söylüyor: ´O gençlik dönemine ait unutamadığım bir hatıram da şudur: Çarşı içinde dolaşırken, elime bir taş alır, uzaktan bu taşı bir polisin kafasına atardım. Adam başına yediği taş

---

[40] ´Eğer bir vaiz halkı ağlatmaya, yaka-paça yırttırmaya çalışıyorsa, bilinki o adam gafildir´ İmam Gazali.

darbesiyle neye uğradığını bilmez bir haldeyken hemen herkesten önce koşturur, yüksek sesle bağırarak, kim attı bu taşı falan diyerek bağırırdım. Sesimi duyanlar polisin başına üşüşür, her kafadan bir ses çıkar, ortalık curcunaya dönerdi. Ben de bir kenara çekilir, onların bu haline gülerdim. Dikkatleri üzerime çekmeye aşırı düşkünlüğüm vardı. Hatta bazen sırf dikkat çekmek için, minareye çıkar şerefesinde yürürdüm. İnsanların korku içinde beni seyretmeleri hoşuma giderdi. Yine bazen sırf dikkat çekmek için elbisemi ters giyer, çarşıda öyle gezerdim. Herkes tuhaf tuhaf bakardı; bu hal hoşuma giderdi´ (Erdoğan, 2016, s.169).

Takiyyecilik

Gülen Hareketine yapılan en eski eleştirilerden biri isi takiyyecilik yapılması. Bu eleştirilere göre Gülen Hareketinin mensupları muhafazakar veya dindar olduklarını belli ettirmemek için kendi içlerinde her türlü fetvaları, örneğin namaz, tesettür ve alkol konusunda, verebiliyorlar.

Hatta takiyyecilik büyük bir fedakarlıkmış gibi lanse ediliyor. Yani takiyyecilik yapanlar, kendi değerlerinden vazgeçip, toplumun belli hedeflerine ulaşması için fedakarlık yapıyorlarmış gibi. Zaten Gülen, Nurculuk Hareketin'e yakın olduğu zamanları bile bu gizlemeyi Said Nursi ve Risale-i Nur kavramlarını ağzına almayarak da yapıyordu.

Cemaatin içinden bir grubun takiyyecilik açıklamaları bu yönde önemli: 'Askeri okullardaki öğrencilere ilk zamanlar içkiye atılan tablet ile çözüm üretilirken, deşifre olunca 1-2 kadeh fetvası, sonra daha pek çok fetva yavaş yavaş verildi. Abdest parça parça alınıp, namaz gerekirse tuvalette veya televizyon izlerken (çocuklara defalarca yaptırdık bu rezilliği) kılınabiliyordu. Hatta zor fetvalarda çocuklara kendi vicdanlarıyla hareket etmelerini söyleyip önünü açık bırakıyorduk. Sonuçta bir savaştaydık ve her şey mubahtı. Yargıdan eğitime kadar herkes takiyye yaparken Hasan Can, Yavuz Sultan Selim örneği verilirdi. Güya Hasan Can casus olarak kilisede papazlık yapmış ve: 'Sultanım beni buradan al. İçki içip, istavroz çıkarmaktan namazlarımdan zevk alamıyorum' demiş. Bunun üzerine Yavuz Sultan Selim: 'Orada kal, yerine başka adam yok' demiş. Daha birçok örnekle her şeye harp hukukuna sokularak fetva veriliyordu' (Taşgetiren, 2016).

Hakan Yavuz'a göre Gülen Hareketi takiyyecilik ile mevcut şartlara uyma taktiğini gösteriyor: 'İç eğitim ve bu eğitimde yetiştirilen 'tek-tip şakirt modeli' hareketin güçlenmesi ve örgütlenme yapısını anlamak için önemli. Bu çok küçük yaşta başlıyor ve bu insanlara 'ikili hayat' tarzlı bir yaşam öğretiliyor. Yani, hem hoşgörülü hem de gaddar; hem şefkatli hem de zalim; hem ümmetçi hem de sadece FETÖ eksenli düşünen şakirtler. Hem içki içecek hem de dini bir cemaatin unsuru olarak tam Müslüman olduğuna inanacak. Burada gardolopcı Müslüman tipi var. Yerine göre ve gerekiyorsa içki içecek veya eşi gerekiyorsa bikini giyecek. Kısacası, kamu alanında modern ve laik bir imaj çizerken aslında aidiyet olarak ordu mensubu değil abilerin kontrolünde 'asker elbiseli bir şakirt' var. Bu arada iktidarı ele geçirmek için tüm araçlar meşru görülmeye başlanmış. Şakirtin temel hedefi FETÖ elemanı olarak verilen görevi yapmak. İradelerini yok eden; egoyu silen ve yerine lider ve liderin belirlediği hedefleri amaç edinen ve tedbir endişesiyle şekillenen din kaynaklı siyasi-sosyal bir yapı bu. Bu yapının ana taşları aynı olsa da inşa edilen yapının sıvası sürekli koşullara göre yenilenebiliyor' (Sabah, 10.07.2017).

Yine takiyyecilik ile ilgili olan başka bir konu ise mensuplarının ve kurumlarının asla 'Biz Gülen Hareketine mensubuz' dememeleri. Bu bağlamda dedikleri tek söz 'Sadece Gülen'e sempati duyuyoruz'. Burada Nurculuk Hareketi ile büyük bir fark da ortaya çıkıyor. Nurcular mahkeme karşısında bile 'Biz Nurcuyuz' derken, Gülen Hareketinin mensupları en basit günlük meseleler de bile kimliklerini gizliyorlar. Bu şekilde oluşan şeffafsızlık nedeniyle kendilerinden hem Türkiye'de hem diğer ülkelerde sürekli şüphe duyulur.

Burkina Faso'dan gelen bir heyet de, Diyanet İşleri Başkanı ile görüşürken Gülen Hareketine karşı bilindik eleştirileri sıralıyor: 'Üç şeyden dolayı onları hiç sevmediklerini söylediler. Nedir diye sorduğumda bana şu cevabı verdiler; 'Birincisi, hiç fakir sevmediler, sadece güç devşirebilecek zengin çocuklarını okuttular. İkincisi, her zaman Hristiyanları bize tercih ettiler. Üçüncüsü de İslam nişanı ile alakalı hiçbir şeyleri yoktu. Bir okulda mescid açtıklarını, bir toplantıda ayet okuttuklarını görmedik' dediler. 'Hep Türkiye'den geldiler diye bu nefretimizi bastırdık' cevabını verdiler' (Yeni Şafak, 31.12.2016). Aynı eleştirileri dünyanın birçok yerinden bir çok cemaat Gülen Hareketine karşı dile getiriyor.

Kazakistan'dakiler de 2009 senesinde Gülen Hareketinin yapısını eleştiriyorlar: 'FETÖ okullarına gidenlerin aile, millet ve ümmet bağlarının yok olduğunu ve FETÖ'yle bağlantılarının hepsinin önüne geçtiğini söyledi' (Yeni Şafak, 31.12.2016).

Bu takiyyecilik nedeniyle Gülen Hareketi özellikle batı ülkelerinde kendini liberal, ılımlı, aydınlanmış İslam olarak gösteriyor. Fakat aynı takiyyecilik metodu sebebiyle kimse kendilerine inanmıyor, hatta hareketi kendi çıkarları için senelerce insanların hayatlarıyla oynayan bir mafya olarak tanımlayanlar var (Popp, 2017).

1999 yılındaki kaset skandalının ardından, Gülen Hareketi'nin söylemleri değişti, örneğin sohbetlerde Said Nursi'den bahsedilmeye başlandı ve daha önce inkar edilen konular kendi internet sitelerinde dile getirildi. Fakat popülist yayınlarda ise halen farklı bir biyografi gösteriliyordu (STV, 13.12.2005). Özellikle Gülen'in 80'lerden önceki geçmişi çok eksik yayımlanıyordu. Agai'nin (2004) de araştırmalarına göre, 1971 ile 1994 yılları arasındaki zamanın, kendi yayınlarında atlandığı gözüküyor.

Medya İmparatorluğu

Gülen Hareketinin[41] ilk dergisi 'Sızıntı', 1978 yılında çıktı (almancası 'Fontäne' ve ingilizcesi 'Fountain' olarak çıktı). Burada Gülen, M. Abdülfettah Şahin takma adıyla[42] yazdığı makalelerde, Türkiye'deki askerden övgüyle bahsetti. Bu dergiyi onlarca medya, yayın, kuruluş ve şirket izledi. Gülen'e ait veya yakın olduğu söylenen kurumlar:

Dergiler: 'Sızıntı', 'Yeni Ümit', 'Aksiyon' (bir zamanlar Türkiye'nin en büyük haftalık dergisiydi), 'Gonca', 'Ekoloji', 'Yağmur', 'Arkadaşım', 'Ailem', 'Diyalog Avrasya', 'Akademik Araştırmalar Dergisi', 'Asya Pasifik', 'Bisiklet Çocuk', 'Ekolife', 'Gül Yaprağı', 'Nokta', 'Zirve Dergisi', almanca dergiler 'Die Fontäne' (Sızıntı) veya yaz 2006'da ilk kez çıkan 'Die Zukunft' (Gelecek), ingilizce yayınlanan 'Fountain', rusça yayınlanan 'Noviye Grani', arapça yayınlanan 'Hira', fransızca yayınlanan 'Cascade'.

Yayınevleri: 'Şahdamar', 'Zaman Kitap', 'Ufuk', 'Define', 'Gülyurdu', 'Işık Akademi', 'Işık', 'Kaynak', 'Nil', 'Rehber', 'Sütun', 'Yitik Hazine', 'Burak Basın Yayın Dağıtım', 'Dolunay Eğitim Yayın Dağıtım', 'Giresun Basın Yayın Dağıtım', 'GYV', 'Işık Özel Eğitim Yayınları', 'İklim Basın Yayın Pazarlama',

---

[41] Burada Gülen cemaatine bağlı olduğu söylenen kurumlar sıralanacak (bkz. Ek 1). Almanya'daki dernekler için Almanya bölümüne bkz.

[42] Sadece Gülen değil, hareketteki tüm önemli isimler takma isimle yaklaşık 20 sene yazı yazmaya devam edecekti.

'Kaydırak Yayınları', 'Kervan Basın Yayıncılık', 'Kuşak Yayınları', 'Sürat Basın Yayın Reklamcılık ve Eğitim Araçları', 'Ufuk Basın Yayın', 'Haber Ajans Pazarlama', 'Yay Basın Dağıtım', 'Yeni Akademi', 'Zambak Basın Yayım', çocuk yayınları 'Altınburç', 'Gonca' ve 'Muştu', yabancı yayınevleri olarak kürtçe 'Wesanxane Nil', ingilizce 'Blue Dome Press', arapça 'Daral Nile', fransızca 'Editions Du Nil', ispanyolca 'Editorial La Fuente', almanca 'Main Donau Verlag', rusça 'Novi Svet'.

Gazeteler: İkisi de ingilizce olan 'Today's Zaman' ve 'Sunday's Zaman', 1986'dan beri yayımlanan ve satın alınan 'Zaman' Gazetesi (Zaman Gazetesi Amerika, Azerbaycan, Avusturya, Almanya, Avrupa, Bulgaristan, Kazakistan, Romanya ve Türkmenistan özel baskılarıyla çıkıyor), 'TR724', 'Meydan', 'Yarına Bakış', 'Yeni Hayat', 'Bugün', 'Millet', 'Taraf', 'Adana Haber Gazetesi', 'Adana Medya Gazetesi', 'Akdeniz Türk', 'Şuhut'un Sesi Gazetesi', 'Kurtuluş Gazetesi', 'Lider Gazetesi', 'İşçehisar Durum Gazetesi', 'Türkeli Gazetesi', 'Antalya Gazetesi', 'Yerel Bakış', 'Nazar', 'Batman Gazetesi', 'Batman Postası', 'Batman Durum', 'Bingöl Olay', 'İrade', 'İskenderun Olay Gazetesi', 'Ekonomi', 'Ege'den Son Söz Gazetesi', 'Demokrat Gebze', 'Kocaeli Manşet', 'Bizim Kocaeli', 'Haber Kütahya Gazetesi', 'Gediz Gazetesi', 'Zafer Gazetesi', 'Hisar Gazetesi', 'Turgutlu Havadis Gazetesi', 'Milas Feza Gazetesi', 'Türkiye'den Yeni Yıldız Gazetesi', 'Yeni Yıldız Gazetesi', 'Hakikat Gazetesi', 'Urfa Haber Ajansı Gazetesi', 'Ajans 11 Gazetesi', 'Yeni Emek', 'Banaz Postası', 'Son Nokta', 'Mekür Haber', 'Özgür Düşünce'.

Televizyon kanalları: 'STV' (1993 yılında kuruldu), 'STV Haber', 'STV Avrupa', 'STV Amerika', 'STV Afrika', 'Yumurcak' (çoçuk kanalı), 'Ebru TV' (ABD'de ingilizce, Almanya'da almanca olarak), 'Dünya', 'Bugün TV', 'MC TV', 'Kanaltürk', 'Irmak TV', 'Küre TV', 'Tuna Shopping', 'Barış TV', 'Can Erzincan TV', 'Hira TV', 'Kanal 124', 'Merkür TV', 'SRT Televizyonu', 'Mehtap TV'.

Radyo kanalları: 'Burç FM' (1994 yılında kuruldu), 'Radyo Cihan', 'Samanyolu Haber Radyo', 'Radyo Mehtap', 'Aksaray Mavi Radyo', 'Mavi Radyo', 'Berfin FM', 'Cihan Radyo', 'Dünya Radyo', 'Esra Radyo', 'Haber Radyo Ege', 'Herkül FM', 'Jest FM', 'Kanal Türk Radyo', 'Radyo 59', 'Radyo Aile Rehberi', 'Radyo Bamteli', 'Radyo Fıkıh', 'Radyo Küre', 'Radyo Nur', 'Radyo Şimşek', 'Umut FM', 'Yağmur FM'.

Medya şirketleri: 'Cihan Medya Dağıtım', 'Feza Gazetecilik', 'World Media Group AG', 'Kaynak Holding', 'Koza İpek Holding'.

Haber Ajansları: 'Muhabir Haber Ajansı', 'Sem Haber Ajansı', 1994'de kurulan 'Cihan Haber Ajansı'.

Banka: 1996 yılında kurulan 'Bank Asya'.

Sigorta şirketleri: 1996 yılında kurulan Işık Sigorta, ASAD.

Girişimci dernekleri: 1993'de kurulan İŞHAD, Türkiye İşadamları ve Sanayiciler Konfederasyonu TUSKON.

Birlikler: 1978 yılında kurulan öğretmenler birliği TÖV.

Yardım dernekleri: 'Kimse Yok Mu?', 'Time To Help', 'Helping Hands Hilfe Stiftung', 'Embrace Relief'.

Çeşitli dernekler: 'Rumi Forum', 'Atlantic Institut', 'Alliance for Shared Values', 'Peace Islands Institut', 'Pacifica Institut', kısa süre de olsa futbol takımı 'Nişantaşı Spor Kulübü'.

Vakıflar: 1976'da kurulan 'Akyazılı Vakfı', 1994 yılında kurulan, Türkiye'de her yıl 'Abant' isimli büyük bir sempozyum gerçekleştiren ve uluslararası bilim adamlarının davet edildiği 'Gazeteciler ve Yazarlar Vakfı'.

Kendi açıklamalarına göre (STV, 06.12.2005), piyasada Fethullah Gülen'in vaazlarını içeren 1150 adet ses kaseti mevcut. Fethullah Gülen'in çeşitli şiirleri, ünlü şarkıcılar tarafından yorumlanıyor ve böylelikle büyük bir kitleye ulaşılması sağlanıyor. Hareketin en tanınmış popüler faaliyetlerinden bir tanesi de Türkçe Olimpiyatları.

Gülen Hareketinin Ak Parti ile kavgasından sonra bazı şirketlere, örneğin Bugün TV, Zaman Gazetesi (Türkiye ayağı) ve Koza İpek Holding'e, kayyum atandı ve bu şirketler hareketten koparıldı. Hareketin televizyon kanalları ise Türksat uydusundan çıkarıldı. 15.07.2016 darbe teşebbüsünden sonra neredeyse tüm kurumlar kapatıldı.

Almanya'da Yapılanma

Gülen Hareketi 1990'dan beri Almanya'da yapılanıyor. O sıralarda Gülen Almanya'yı ziyaret etmişti ve oralarda da okullar yapılmasını tavsiye etmişti.

Söyleşi yaptığımız kişilere göre Almanya'da harekete bağlı yaklaşık 300 kurum, 150 dershane ve 25 okul var. Nurcuların medreseleriyle kıyaslanabilecek 'Işık evleri'nde harektin asıl mensupları buluşuyor. Dershanelerde ve eğitim kurumlarında ise harekete bağlı olmayan şahıslar da çalışabiliyor. Ve buralar yeni mensuplar kazanmak için de bir platformdur.

Bütün kurumların genel olarak 'bölge imamları' tarafından yönetildiği söyleniyor. Bu 'imamlar' kurumlar arası iletişimi sağlıyorlar. Birer köprü ve aracı olarak iş görüyorlar ve ağın heryerinde mevcutlar.

Almanya'nın bir çok şehrinde dershaneler bulunuyor. Bir çok eğitim derneği Gülen grubuna bağlıdır. Bu derneklerin bir özelliği ise serbest dernek olmalarıdır. Aralarında organik bağ yok. Bu yüzden çok zor tespit edilebiliniyorlar. Genelde isimlerinde 'Dialog' (Diyalog) kelimesini kullanıyorlar. Bu kurumların bazıları 'çatı dernek' tarzında Academy e.V. ve BDDI (Bund Deutscher Dialog Institutionen) derneği altında toplanıyorlar. 'Interkulureller Dialog e.V.', 'Begegnungen e.V.', "Forid e.V.", "Impuls Bildungsforum e.V.", 'Rumi Forum', 'Süddialog e.V.', 'Dialog-Institut für den Südwesten', 'IDIZM e.V.', 'Ruhr-dialog e.V.', 'Forum Dialog e.V.', 'Interkulturelles

Dialogzentrum e.V.´ (IDIZ), ´Verband engagierte Zivilgesellschaft in NRW e.V.´, ´Verband für gesellschaftliches Engagement´, ´Landesverband für bürgerschaftliches Engagement e.V.´, ´Give Kulturverein Kerpen e.V.´, ´ ve ´Gesellschaft für Dialog e.V.´, ´Corratio – Bündnis für Imame und Seelsorger´ gibi derneklerin de harekete ait olduğu söyleniyor.

Almanya´da ilk okullar 2001 yılında açıldı. Bazı okullarının adı ´BIL-Schulen´ olarak geçiyor. Berlin´deki eğitim kurumları TÜDESB derneğinin çatısı altında toplanıyor. Alman toplumuna daha iyi hitap edebilmek için 2018´de bazı okulların isimleri değiştirildi. Örneğin TÜDESB okulları "Wilhelmstadt-Schulen" ismini aldılar ve "Dialog Gymnasium" isimli bir okulun ismi "Ferdinand-Franz-Wallraf Gymnasium" oldu. Devletten maddi destek de alan okullara öğrenciler aylık 300€ civarı ödeme yapıyor. Almanya´da Gülen okulların da okuyan ve 8 sene dershanelerinde kalan eski bir öğrencinin [T.D.] söyleşimizde anlattığına göre, Fethullah Gülen´in kitapları esnaflara okula bağış için aldırılıyordu ve ardından tekrar para karşılığı okullardaki öğrencilere satılıyordu ve öğrenciler bu kitapları mecburen almak zorundaydı. Aynı öğrencinin verdiği bilgilere göre, okullarında çok az hristiyan öğrenci olmasına rağmen noel bayramlarında okulda çam ağacı dikiliyor, halbuki bu uygulama bir çok alman devletinin okullarında dahi yok. Öte yandan ´Türk okulu´ tanımlamasına rağmen okulda herhangi türk bayramı veya resmi tatil günü kutlanmıyor veya alman bayrağı asılmasına rağmen türk bayrağı asılmıyor.

Maddi desteği ise yerli iş adamları sağlıyor, ki bunlar için ışık evlerinde özel esnaf buluşmaları düzenleniyor. Bu buluşmalar esnaflar için de avantaj haline geliyor, çünkü böylece farklı iş adamlarıyla bağlantı kurabiliyorlar. Bir çok şehirde harekete bağlı işadamları dernekleri bulunuyor, örneğin 'Barex', 'Hamle', 'WIN', 'BNWL', 'Rhein-Ruhr Unternehmerkreis', 'Ruhr Business Plattform', 'FIDAN', 'Synko', 'Uvide', 'AKTIV', 'Rhemarex', 'Frankfurt İş Adamları Derneği' (FUV), 'SELF', 'Alp-Donau', 'İş Adamları Birliği ADUV', 'EXUV' gibi derneklerin hareketin olduğu söyleniyor. Hem harekete bağlı iş adamları hem de kendilerine kazanmak istedikleri işadamları bu derneklerde biraraya geliyorlar. Bu esnaf derneklerinin çatı kurumu 'Bundesverband der Unternehmervereinigungen' (BUV). Bu çatı kurumuna yaklaşık 3000-5000 kişinin bağlı olduğu söyleniyor.

Gülen Hareketi hangi ülkede, hangi bölgede, hangi şehirde bulunuyorsa o şehri benimsemiş, oraya ait gibi hareket ediyor, adeta dünya çapında bir dernek değil de, sırf o şehrin derneği gibi hareket ediyor (Agai, 2006, s.60).

Derneklerin özelliği ise 'Bizim Fethullah Gülen ile ilişkimiz yoktur, o bizim için sadece bir ilham kaynağıdır' demeleri. Bu yüzden dolayı alman kurumları kendilerine fazla güvenmiyorlar.

Gülen Hareketine bağlı olan kurumlar kendilerini açıktan dini kuruluş olarak görmedikleri için islami cemaatler, camiler, çatı kurumları vs. ile irtibatları yok denecek kadar azdır, hatta mümkünse uzak durulmaya

111

çalışılır. Örneğin Bielefeld şehrindeki tüm islami kuruluşların bağlı olduğu çatı derneği olan BİG'e, daha Türkiye'deki olaylar başlamadan önce, kendilerine de çatının altında yer almaları teklif edildiğinde 'Biz İslami cemaat değiliz' gibi bir açıklama yapıldı. İslami ve dini bir görüntü vermemek için kendi okullarında İslam Din Dersi veya herhangi din dersi verilmiyor, ki Alman devlet okullarında dahi müslüman derneklerin kontrolü altında İslam Din Dersi veriliyor. Aynı şekilde sürekli 'Biz Nurcu değiliz' de deniliyordu (Zaman, 17.06.2016; Şahinöz, 2016a). Sosyolojik olarak bir tanımlama problemi var. Dışarıya farklı içeriye yönelik farklı tanım ve kavramlar kullanıyorlar. Dışarıda seküler kavramlar, içeride dini kavramlar seçiliyor. İlginç olan ise kendileri „Biz islami cemaat değiliz, bir Nurcu değiliz" diyorlar, fakat aynısını başkaları söyleyince 'Bizi dışlıyorsunuz' deniliyor. Bu çelişkiler sebebiyle Almanya genelinde hiç bir yerde herhangi bir cemaatin Gülen Hareketi ile işbirliği yaptığını göremessiniz. Ve bu Türkiye'deki Ak Parti meselesiyle başlayan birşey değil, Gülen Hareketinin varlığından itibaren böyledir. Aynı şekilde bir çok ailenin Nurculuk Hareketinin medreselerine giderek 'Artık çocuklarımızı Gülen'in derneklerine götürmek istemiyoruz' dedikleri de bizzat duyuluyor.

Fakat Türkiye'deki Gülen Hareketi ve Ak Parti kavgasından sonra Harekette söylemler değişmeye başladı. Daha önce açıktan dini faaliyet göstermeyen Gülen Hareketi 2015'den itibaren Almanya'da da örneğin iftar programları düzenlemeye ve cami cemaatlerini çağırmaya başladılar. Bu şekilde dini cemaat görüntüsü vermeye çalıştılar. Fakat kimse bunu ciddi almadı.

Diğer ülkelerde de olduğu gibi Almanya'da da Türkçe Olimpiyatları düzenleniyor. Hatta 2014 senesinde genel Olimpiyat'ın finali Almanya'da Düsseldorf şehrinde düzenlendi. Fakat Avrupa ülkelerinde bu olimpiyatların ismi 'Kültür Olimpiyatlar'" olarak geçiyor. 'Türkçe' dedikleri zaman sıkıntı olur düşüncesiyle, 'Kültür' kelimesini kullanıyorlar. Türkçe demek yerine kültür demeyi tercih ediyorlar. 2016 senesinde bu faaliyet için 'International Festival of Culture and Language' ismini kullandılar. Olimpiyatın dışında farklı organizeler, kültür programları, ödül törenleri ve matematik yarışmaları düzenleniyor.

'Dein Buch Shop' (eski adıyla 'NT Almanya' ve 'Line Marketing') sayesinde Türkiye'den gelen kitaplar satılıyor. Sızıntı dergisinin almancası olan 'Die Fontäne' dergisi ve farklı kitaplar almanca olarak INID Enstitüsü ve 'Main Donau Verlag' tarafından basılıyor. Kısa bir süre almanca 'Zukunft' dergisi de hareket tarafından basılıyordu. Günlük gazete 'Zaman' Almanya'da 1991'den itibaren yayınlanmaya başladı. Gazete, özel Avrupa sayfasıyla basıldı. Kasım 2016'da Gazete yönetimi 'Türkiye'deki problemler sebebiyle' gazeteyi kapattığını açıkladı. Televizyon Kanalı STV'nin de bir Avrupa yayını var. Burada Avrupa'dan haberler ve tartışma programları yayınlanıyor. İnternette ise almanca 'EBRU TV' yayınlanıyor. Medya işlerini 'World Media Group AG' ismi altında düzenledikleri söyleniyor. 'Peyk Media GmbH', 'Tuwa Media GmbH', 'Sun Print & Vertriebs GmbH', 'Zukunft Medien GmbH' ve 'Word Media Akademie' gibi Gülen'e ait olduğu söylenen kurumlar da medya sektöründe aktif.

'DTJ' isimli bir internet-gazetesi de mevcut (Daha önce 'DTN' olarak kurulur, fakat anlaşmazlıklar sebebiyle bu site başkalarına devredilir ve 'DTJ' olarak devam edilir). Hareketin almanca yayınladığı haberlere ve hareketin liderlerinin sosyal paylaşım sitelerindeki yorumların baktığımızda, inanılmaz menfi ve inanılmaz kötü bir Türkiye tablosu ortaya çıkıyor. Sırf Erdoğan Düşmanlığı sebebiyle Türkiye aleyhine sürekli yazılar ve haberler yayınlanıyor. Bu yazılanların almanca olmasında ve alman kitleye ulaştırılmasında da özel çaba gösteriyorlar.

Bir başka, cok tehlikeli gelişme ise Diyanet İşlerinin Almanya'daki temsilci rolünde olan DİTİB derneğine yaptıkları baskılar. Hareketin gazetelerinde maalesef bu kurum ve Türkiye'den yollanan imamlar ile ilgili hem almanca hem türkçe menfi haberler yapılıyor (Şahinöz, 2014, 2016b). Örneğin bu cami derneklerine ve imamlarına Ak Parti'nin ve Recep Tayyip Erdoğan'ın etkisi olduğunu yazıyorlar. Elbette bu haberleri başka medya kuruluşları da kullanıyor. Yani sırf Erdoğan'a vurabilmek için Almanya'da çok önemli faaliyetlerde bulunan ve en büyük dini kurum olan DİTİB feda eliyor.

Türkiye'deki 15 Temmuz 2016 darbe teşebbüsünden sonra Almanya'da bazı şehirlerde Gülen Hareketinin mensuplarına karşı olaylar yaşanmış. Kuzey Ren Vestfalya Eyaleti İçişleri Bakanı'nın Eylül 2016'da yaptığı açıklamaya göre bu eyalette darbe teşebbüsünden sonra 35 olay yaşanmış.

Dinlerarası Diyalog'a da Almanya'da çok önem veriyorlar. Berlin'de kuracakları 'House of One' (kilise-

114

havra-cami projesi) için 3,4 milyon € maddi yardım aldılar.

Berlin ve Frankfurt'ta bulunan 'Forum für Interkulturellen Dialog' derneği ve 'Stiftung Dialog und Bildung' (2012'de kuruldu) vakfı hareketin merkezi ve resmi sözcüsü olarak görülüyor.

Gülen Hareketi Almanya'da da aynı Türkiye'deki reflesksleri gösteriyor ve tedbirli çalışıyor. Almanya'da Baden-Württemberg eyaletinin içistihbaratı Anayasayı Koruma derneği Temmuz 2014'de Gülen Hareketi ile ilgili rapor hazırladı. Rapor'da hareketi takip etmek için gerekçe olmadığı fakat hareketin içinde birçok çelişkilerin olduğu öne sürüldü, örneğin Fethullah Gülen'e bağlılıklarının olmadığını söylemeleri ve kendilerini dışarıda farklı içeride farklı göstermeleri (Verfassungsschutz Baden-Württemberg, 2014, s.50ff). Dernekler arası bir bağın olmadığı, hepsinin birbirinden bağımsız olduğu ve Fethullah Gülen'e bağlı olmadıklarını söylemeleri gerekçesiyle Hareket olarak kendilerini takip etmek mümkün değil. Genel olarak alman resmi kurumlar Harekete güvenmiyor, çünkü şeffaf olmadıklarını söylüyorlar. Bu güven eksikliği bahsettiğimiz çelişkilerden dolayı oluşuyor, eskiden bu tavır için takiyyeci kavramı kullanılıyordu.

Ankara'daki alman elçiliği de Gülen Hareketini eleştiriyor. Alman Dışişlerine yollanan bir rapora göre, Gülen Hareketinin Türkiye devletini ele geçirmeye çalıştığı ve yapı olarak mafyaya benzediği ileri sürülüyor. Şubat 2018 tarihli Alman Dışişleri raporuna göre, Ankara'daki elçilikte çalışan görevliler, Gülen

115

Hareketinin özellikle polis ve yargı sistemine sistematik olarak 10 senedir sızdığını belirtiyorlar (Knobbe, Popp, 2018, s.45-47).

Ve yine diğer ülkelerde[43] de olduğu gibi Almanya'da da özellikle lobi faaliyetleri yapılıyor. Siyasilerle sıkı işbirliği içindeler. Örneğin bazı önemli siyasileri veya yazarları kendi derneklerine onursal üye yapıyorlar. Ama asıl sorun, bu etkilerini Türkiye Cumhuriyetini negatif göstermek için kullanıyorlar.

---

[43] Hareketin Türkiye dışında en etkili lobileri ABD ve Kırgızistan'da. ABD'de 2016 seçimleri öncesinde, USA Today Gazetesinde Gülen Hareketinin, Amerikan kongresi üyelerine yurtdışından yasadışı finansman sağladığı ve başkan adaylarına yüzbinlerce dolar para yardığımı yaptığı iddia edildi (USA Today, 23.11.2015).

Paralel Devlet

2010'dan sonra Gülen cemaati ve o güne kadar beraber çalıştıkları Ak Parti arasında çatışmalar başladı[44] (Şahinöz, 2010). Mavi Marmara Olayı ve MİT Müsteşarı Hakan Fidan tartışması ile yüzüstüne çıkan, özellikle 2013 senesinde Ak Parti'nin dershaneleri dönüştürmek istemesiyle hızlanan ve 17/25 Aralık Operasyonları, paralel devlet, yolsuzluk, savcı ve hakim atamaları, dinlemeler, ses kayıtları, Fuat Avni Twitter hesabı, Gülen'i ABD'den isteme, Bank Asya, KPSS, İpek Holding, kayyum atamaları, terör suçlamaları, 15/16 Temmuz 2016 Darbe Girişimi konuları ile arkası kesilmeyen büyük bir tartışma başladı (Misawa, 2013). Bu gelişmeler sonucunda 14 Aralık 2014'de Gülen Hareketine operasyon yapıldı ve 19 Aralık'ta Gülen hakkında tutuklama kararı çıktı. Harekete ise 'Fetullahçı Terör Örgütü' (FETÖ) ve 'Paralel Devlet Yapılanması' (PDY) tanımlandırmalarla dava açıldı. Ardından Hrank Dink, Muhsin Yazıcıoğlu, MHP kaset skandalı, Baykal kasedi, Ergenekon[45], Ahmet Şık, Nedim Şener, Hanefi Avcı, tahşiyeciler, Fenerbahçe, Aziz Yıldırım ve Cübbeli Ahmet Hoca davaları da Gülen Hareketiyle irtibatlandırılmaya çalışıldı.

---

[44] 2010'da yazdığım bir köşe yazısında Fethullah Gülen'in Mavi Marmara ile ilgili sözlerini analiz ederek ve geçmişteki davranışlarını göz önünde bulundurarak, Gülen'in Ak Parti'ye desteğini keseceğini ve bunu en geç 2014/2015 seçimlerinde göreceğimizi yazmıştım (Şahinöz, 2010). Nitekim 2013 senesinin sonunda kavga yüzüstüne çıktı.
[45] Ergenekon sürecinde STV adeta "Ergenekon Dava TV" haline gelmişti (Şahinöz, 2008b).

Bu süreçte diğer bütün Risale-i Nur Grupları Gülen Hareketinin ve Nurculuk Hareketinin farklarını ortaya koymaya çalıştılar ve dolayısıyla her iki hareketin birbirinden tamamen farklı oldukları toplum tarafından da benimsenmeye başlandı. Fethullah Gülen ve hareketi ilk defa devletin karşısında dururken Nurculuk Hareketi – Yeni Asya grubu hariç - Ak Parti'yi destekledi. Gülen Hareketi CHP ve MHP'yi destekledi. 30 Mart 2014 Yerel Seçimlere bu şekilde girildi. 10 Ağustos 2014'de gerçekleşen Cumhurbaşkanlığı seçiminde de yine Gülen Hareketi Recep Tayyip Erdoğan'ı desteklemediklerini açıkladılar. Yeni Asya grubunun yönetimi Erdoğan'ı desteklemediklerini açıklamalarına rağmen, aynı gruba bağlı olan bir çok bölgeden Erdoğan'ı desteklediklerine dair basın açıklamaları yayınlandı. Aynı destekler 7 Haziran 2015 Genel Seçim'de, 1 Kasım 2015'de Genel Seçim'de, 16 Nisan 2017 Anayasa Değişikliği Referandum'da ve 24 Haziran 2018 Cumhurbaşkanlığı ve Genel Seçimin'de de verildi, Nurculuk Hareketinin neredeysi tümü AK Parti'yi, Gülen Hareketi diğer partileri, Yeni Asya DP'yi destekledi.

Ak Parti ve Gülen Hareketi arasındaki kavgayı anlayabilmek için her iki yapının geçmişine bakmak gerekir. Aslında temelde her iki yapı da aynı hedefleri taşıyordu. Bu hedefin başında ise geçmişte dindar kitlenin yaşadığı sıkıntıları kaldırmak ve bir daha yaşanmaması için değişimler gerçekleştirmek geliyor (Seufert, 2013, s.15ff). Bunu yapabilmek için bürokraside bir paradigma değişikliği gerekiyordu. Ak Parti bunu açıktan ve siyasi bir parti olarak yaparken, Gülen Hareketi bunu gizli ve saklı bir şekilde yapmaya çalıştı. Bürokrasideki değişimler için Hareket ve Parti beraber çalıştı[46].

Fakat özellikle 2010'dan sonra Ak Partinin belli lobilerle ters düşmesi, Gülen Hareketini de tedirgin etti. Fethullah Gülen tarafını belli etti ve ilk sürtüşmeler yaşandı. Fethullah Gülen ve hareketi geçmiste de olduğu gibi tedbir almak adına 'güçlü' zannettiği tarafı tuttu ve Ak Parti ile ciddi fikir ayrışmaları oldu. Ak Parti meşru

---

[46] Recep Tayyip Erdoğan ise Gülen Hareketine aldandıklarını belirtti: 'Pensilvanya'da ki bu zatın yalanlarına maalesef aldandık' (Haberler.com, 21.03.2014). Gülen Hareketinin kadrolaşması Ak Parti ve Erdoğan döneminde değil, 80'li yıllarda başlamıştı, 90'lı yıllarda güçlenmişti ve bir çok başbakan ve cumhurbaşkanı göz yummuştu. Turgut Özal'ın, Fethullah Gülen hakkında şunları dediği aktarılıyor: 'Uzun yıllardır tanırım, ilk Planlama'dayken görüşmüştük. Sonrasında da çok istedi ama birkaç zaruri görüşme dışında randevu vermedim. Houston'da 'geçmiş olsun' ziyaretime gelmişti, görüştük. Bende bıraktığı intiba kendisinden soğumama hatta çekinmeme sebep oldu. Çünkü büyük bir ihtirasa sahip olduğu anlaşılıyor. Ona Türkiye yetmiyor, dünyayı istiyor. Sonraki dönemlerde bana gelen bilgiler de bu fikrimi destekliyor. Yalanı da rahat söylediğini fark ettim. Bunu güvendiğim müntesiplerinden birine örnek vererek anlattığımda, "Onun yalanı bile güzeldir" demesi beni daha da ürküttü. Zira bu zat etrafındakilere hulul ediyor ve neredeyse onları esir alıyor. Son görüşmemizde yüzüme iltifatlar yağdırırken gıyabımda olmadık şeyler söylediği ve yazdığı kulağıma geliyor. Benim bildiğim İslam alimleri böyle davranmıyor. "Dünyayı, düzeltmek için kontrol etme" anlayışı da Hitler'i hatırlatıyor. Hitler ilkokul mezunuydu ama dünyanın en önemli hatiplerindendi. Yüksek ikna kabiliyeti ile Almanları peşinden sürükledi. Hocaefendiyi de tahsili olmamasına rağmen fevkalade hitabeti ve ikna kabiliyeti açısından Hitler'e benzetiyorum. Hitler 'milliyetçi' bir yol tutturmuş bu ise motivasyon için dini kullanıyor. İnşallah ben yanlış düşünüyor olurum...' (Albayrak, 2016).

seçilmiş iktidar partisi olmasına rağmen Gülen Hareketinin bürokraside kilit yerlerde bulunması sebebiyle büyük bir kavga oldu. Bürokrasi kilitlendi.

Hareketin en önemli isimlerinden biri olan, sözcülüğünü ve Gazeteciler ve Yazarlar Vakfı başkanlığını yapmış olan Hüseyin Gülerce 2014 yerel seçimlerinden bir gün sonra bu gerçeği ortaya koydu: 'Cemaat 4 önemli yanlış yaptı! BİR- Hizmet baştan beri yanlış yaptı. Türkiye Cumhuriyeti Başbakanı'na savaş açtı. Gezi'den itibaren Başbakan'a hakaret etmeye başladılar. İKİ- Üslubumuzu kaybettik. Namus bildiğimiz üslubumuz. Biz bunu bıraktık hükümetle savaşa girdik, diyaloğu bıraktık çatışmacı dil kullandık. ÜÇ- Siyasallaştık. CHP için kapı kapı dolaşıp oy istedik. DÖRT- Hizmet hep çoğunlukla hareket etti. Hep öyle yoluna devam etti. İlk defa çoğunluğun karşısına çıktı ve kaybetti. Orjinalini kaybetti, yara aldı. Hizmet yara aldı. Hizmet'i tanınmaz hale getirdiler. İnsanların güveni sarsıldı. Hoşgörü vardı bizde, diyalog vardı bizde, insanların gönlüne girmeyi istiyorduk. Biz ne yaptık peki? Kapı kapı dolaşıp CHP için oy istedik' (Özışık, 31.03.2014). Devam eden bu süreçte Gülerce cemaatten ayrıldı ve Gülen tarafından kendisine dava açıldı.

15 Temmuz Darbe Teşebbüsü

15.07.2016 da gerçekleşen ve yaklaşık 250 kişinin öldüğü darbe teşebbüsünden sonra soruşturmada Genelkurmay Başkanı Orgeneralin darbeci yaveri Yarbay Levent Türkkan Gülen Hareketiyle ilgili açıklamalarda bulundu: 'Ben paralel yapı üyesiyim, Fethullah Gülen Cemaati'ne yıllarca gönüllü olarak hizmet ettim. Onlar tarafından verilen emirlere bugüne kadar harfiyen riayet ettim. Babam çok fakir bir çiftçiydi. Fethullah Gülen Cemaati ile ilk defa ortaokul döneminde tanıştım. Ortaokulda cemaatin abileriyle tanıştım. Ben subay olmak istiyordum. 1989 yılında Işıklar Askeri Lisesi'nin sınavlarına girdim. Bana sınav olmadan önceki gece yarısı getirip soruları verdiler. Şıkların üzerine cevaplar işaretlenmişti. Işıklar Askeri Lisesi'ndeyken Serdar ve Musa abilerle görüşmeye devam ettim. Ayda bir kez görüşüyorduk. Namaz kılıyorduk, sohbet ediyorduk, Fethullah Gülen'nin kitaplarını okuyorduk. Abilerim bana deşifre olmamak için askeri lisede tuvalette abdest almayı ve ima ile namaz kılmayı öğretmişlerdi. Herhangi bir siyasi kanala yönlendirilmedim. Genelde AKP'ye oy verdim. Askeri lise döneminde bana herhangi bir görev vermediler. Bize, 'Tek göreviniz ifşa olmamak' diye öğretiyorlardı. Özel Paşa'nın son üç ayında emir subayı oldum. Genelkurmay'da emir subayı görevine başladıktan sonra Cemaat yapılanması adına bana verilen örgütsel görevleri de yerine getirmeye başladım. Özel Paşa'yı dinleme cihazıyla sürekli dinliyordum. Murat abiden önceki ismini hatırlayamadığım Türk Telekom'da çalışan abi, bana dinleme cihazını verip Paşa'nın sesini kaydetmem talimatını verdi. Paşa'nın her gün sesini kaydettim. Necdet Özel Paşa döneminde iki yıl Hulusi

Akar Paşa, iki yıl da Yaşar Güler Paşa Genelkurmay 2. Başkanlığı görevini yürütmüşlerdi. Her ikisinin de emir subayı arkadaşım Binbaşı Mehmet Akkurt'tu. Mehmet Akkurt da Gülen Cemaati'nin bir mensubudur. Ses kayıtlarını onunla birlikte yaptık. Şu anda Mehmet Akkurt'un nerede olduğunu bilmiyorum (15 Temmuz'da öldürüldü). Darbeye teşebbüs günü onun görevi, Genelkurmay 2. Başkanı'nı etkisiz hale getirmekti. Bize söylenen Yaşar Paşa cemaatçi değildi, fakat Hulusi için cemaati seven, sempatizan, zarar vermeyen kişi diyorlardı. Benim şahsi kanaatim 1990'lı yıllardan bu yana sınavla okullardan gelen ve orduya alınan subaylardan yüzde 60-70'i cemaatçidir. Genelde cemaatçi olan subaylar kurmay subaylardır. Bu benim bir cemaatçi olarak tahminim. Ben darbe yapılacağını 14 Temmuz 2016 Perşembe günü saat 10.00-11.00 sıralarında öğrendim. Genelkurmay Başkanı Danışmanı Kurmay Albay Orhan Yıkılkan bana darbe planladıklarını, Cumhurbaşkanı, Başbakan, bakanlar, Genelkurmay Başkanı, Kuvvet Komutanları ve orgenerallerin tek tek alınacağını sessiz sedasız işin biteceğini söyledi. 15 Temmuz 2016 Cuma günü öğleden sonra Albay Orhan Yıkılkan beni de aldı. Birlikte Tümgeneral Mehmet Dişli'nin odasına gittik. Dişli, Genelkurmay Proje Yönetim Daire Başkanı'dır. Dişli darbe teşebbüsü başladığından ilk önce Hulusi Akar Paşa'nın odasına kendisinin tek başına gireceğini, ona darbeyi tebliğ edeceğini, onun kabul etmesi halinde darbe faaliyetinin başına geçirileceğini bize söyledi. Bunu söylerken bize 'Genelkurmay Başkanı'na Kenan Evren olacak mısın olmayacak mısın diye soracağım' şeklinde beyanda bulundu. Elinde bir not kağıdı vardı. Oraya Genelkurmay Bakanı'na söyleyeceklerini tek tek yazmıştı. Dişli Paşa içerde 5 dakika civarında kaldı ne konuştuklarını duymadık. Hulusi Akar, Dişli Paşa ve bizlere hitaben 'Yanlış yapıyorsunuz, bu böyle olmaz' dedi. Herkes içeriyi girince panik yaptı su getirin dedi. Suyu içtikten sonra abdest alıp namaz kılacağım, üstümü değiştireceğim dedi. Namazını kıldıktan sonra özel kuvvetlerden gelen görevliler koluna girip alıp götürdüler. Samimi olarak pişmanım. Sadece darbeye iştirak etmekten değil, Fethullah Gülen Cemaati mensubu olmaktan dolayı da çok pişmanım. Olayların içindeyim bu yüzden sorumluluğum var. Fakat ben vatan haini değilim" (Hürriyet, 22.07.2016). Fethullah Gülen, Türkiye devleti tarafından tekrar ABD'den istenildi, fakat Gülen verdiği röportajlarda darbecilerle hiçbir bağlantısı olmadığını ifade etti.

Avrupa Birliğinin İstihbarat Merkezi EU INTCEN (EU Intelligence Analysis Centre)'in gizli bir raporuna göre, darbeciler askeriyeden atılmaktan korktukları için darbe teşebbüsünde bulundular. Darbeciler arasında Gülen Hareketinin mensupları, kemalistler, Ak Parti karşıtları ve muhaliflerin bulunduğu ifade ediliyor. Gülen'in kendi başına böyle bir teşebbüste bulunabileceği ise inandırıcı bulunmuyor (Die Presse, 17.01.2017). Eski Amerikan Diplomat James Jeffrey de darbe teşebbüsünün arkasında kesinlikle Gülen Hareketinin, kemalistlerin ve ulusalcıların olduğuna inanıyor (Popp, 2017).

Bu darbe teşebbüsünden sonra her türlü devlet kurumundan binlerce kişi Gülen Hareketine mensup gerekçesiyle görevden alındı ve/veya tutuklandı. Darbeden bir ay sonra 76597 kişi açığa alındı ve 4897 kişi memuriyetten çıkarıldı. 18756 kişi gözaltına alındı, bunlardan 10192 kişi tutuklandı. Tutuklananlar arasında 853'ü rütbeli, 898'i rütbesiz toplam 1751 polis, 157'si general, 2071'i subay, 1100'ü Jandarma, 18'i Sahil Güvenlik personeli toplam 6153 asker, 2131 hâkim ve savcı, 64 mülki idare amiri ve 93 sivil bulunuyor. 4314 kişinin işlemleri devam ediyordu. Toplam 59467 kamu personeli açığa alındı ve 55978 pasaport iptal edildi. Gözaltına alınan 89 gazeteciden 37'si tutuklandı (T24, 15.08.2016). Özışık'ın yaptığı araştırmalara göre görevden alınmalar veya tutuklamalar 5 kritere göre yapılıyor: '1. Fetö'cü terör örgütünün kullandığı Bylock iletişim sistemi. Bu sisteme sadece Fetö terör örgütü üyeleri girebiliyor ve giriş onayları da bizzat Fetö'nün teknik elemanları tarafından sağlanıyor. 2. 17/25 Aralık sonrası Fetulah Gülen isimli teröristin çağrısına uyarak Bank Asya'da hesap açıp para yatıranlar. 3. 17/25 Aralık sonrası Fetö terör örgütüne ait sendikalardaki üyeliklerini sonlandırmayanlar. 4. 17/25 Aralık sonrası çocuklarını Fetö'ye bağlı eğitim kurumlarından almayanlar. 5. Sosyal medya hesapları üzerinden Fetö terör örgütüne destek mesajları atanlar. Bu beş suçu işleyenler arasında da bir eleme yapılıyor. Fetö terör örgütünde aktif rol aldığından şüphe edilenler hapse atılıyor, daha alt kademelerdekiler ise meslekten uzaklaştırma cezası alıyor. Bu 5 suça bulaşmamasına rağmen açığa alınanlara gelince... İsimlerini zikrettiğim bakanlar, bahsi edilen bu kişilerin tedbir amacıyla açığa alındığını, suçsuz olanların görevlerine döneceğini belirtiyor' (Özışık, 02.09.2016).

Ayrıca Gülen'e bağlı olduğu söylenen 35 sağlık kuruluşu, 934 okul[47], 109 öğrenci yurdu, 104 vakıf, 1125 dernek, 15 üniversite ve 19 sendika kapatıldı. Ayrıca medya sektöründe 3 haber ajansı, 16 televizyon, 23 radyo, 45 gazete, 15 dergi, 29 yayınevi ve dağıtım kanalı 27.07.2016 günü kapatıldı. Bu kurumlara ait olan mal varlığı Hazine'ye devredildi. Kapatılan medya kurumları:

Haber Ajansları:
Cihan Haber Ajansı, Muhabir Haber Ajansı, Sem Haber Ajansı

Televizyonlar:
Barış TV, Bugün TV, Can Erzincan TV, Dünya TV, Hira TV, Irmak TV, Kanal 124, Kanal Türk, MC TV, Mehtap TV, Merkür TV, Samanyolu Haber, STV, SRT Televizyonu, Tuna Shopping TV, Yumurcak TV.

Radyolar:
Aksaray Mavi Radyo, Mavi Radyo, Berfin FM, Burç FM, Cihan Radyo, Dünya Radyo, Esra Radyo, Haber Radyo Ege, Herkül FM, Jest FM, Kanal Türk Radyo, Radyo 59, Radyo Aile Rehberi, Radyop Bamteli, Radyo Cihan, Radyo Fıkıh, Radyo Küre, Radyo Mehtap, Radyo Nur, Radyo Şimşek, Samanyolu Haber Radyosu, Umut FM, Yağmur FM.

---

[47] Kosova ve Malezya gibi ülkelerde de darbe teşebbüsünden sonra Gülen Hareketinin okulları ve dernekleri kapatıldı öğretmenleri sınır dışı edildi.

Gazeteler:

Adana Haber Gazetesi, Adana Medya Gazetesi, Akdeniz Türk, Şuhut'un Sesi Gazetesi, Kurtuluş Gazetesi, Lider Gazetesi, İşçehisar Durum Gazetesi, Türkeli Gazetesi, Antalya Gazetesi, Yerel Bakış, Nazar, Batman Gazetesi, Batman Postası, Batman Durum, Bingöl Olay, İrade, İskenderun Olay Gazetesi, Ekonomi, Ege'den Son Söz Gazetesi, Demokrat Gebze, Kocaeli Manşet, Bizim Kocaeli, Haber Kütahya Gazetesi, Gediz Gazetesi, Zafer Gazetesi, Hisar Gazetesi, Turgutlu Havadis Gazetesi, Milas Feza Gazetesi, Türkiye'den Yeni Yıldız Gazetesi, Yeni Yıldız Gazetesi, Hakikat Gazetesi, Urfa Haber Ajansı Gazetesi, Ajans 11 Gazetesi, Yeni Emek, Banaz Postası, Son Nokta, Mekür Haber, Millet, Bugün, Meydan, Özgür Düşünce, Taraf, Zaman, Today's Zaman.

Dergiler:

Akademik Araştırmalar Dergisi, Aksiyon, Asya Pasifik, Bisiklet Çocuk, Diyalog Avrasya, Ekolife, Ekoloji, Fountain, Gonca, Gül Yaprağı, Nokta, Sızıntı, Yağmur, Yeni Ümit, Zirve Dergisi.

Yayınevi ve dağıtım kanalları:

Altın Burç Yayınları, Burak Basın Yayın Dağıtım, Define Yayınları, Dolunay Eğitim Yayın Dağıtım, Giresun Basın Yayın Dağıtım, Gonca, Gülyurdu, GYV, Işık Akademi, Işık Özel Eğitim Yayınları, İklim Basın Yayın Pazarlama, Kaydırak Yayınları, Kaynak Yayınları, Kervan Basın Yayıncılık, Kuşak Yayınları, Muştu Yayıncılık, Nil Yayınları, Rehber Yayınları, Sürat Basın Yayın Reklamcılık ve Eğitim Araçları, Sütün Yayınları Şahdamar Yayınları, Ufuk Basın Yayın, Haber Ajans Pazarlama, Ufuk

Yayınları, Waşanxaneya Nil, Yay Basın Dağıtım, Yeni Akademi, Yitik Hazine, Zambak Basın Yayım.

ABD'den tekrar ısrarla Fethullah Gülen istenildi. Daha önceki darbeleri destekleyen Gülen, yabancı basınına yaptığı açıklamalarda darbe teşebbüsüyle ilgili hiç bir ilgisinin olmadığını söyledi.

Darbe teşebbüsünün başı olarak görülen Gülen Hareketi mensubu Adil Öksüz ise, önce yakalandı, kısa süre sonra serbest bırakıldı ve Haziran 2018'de Almanya'da Berlin'de olduğu tespit edildi. Türk devleti İnterpol ile Adil Öksüz'ün yakalanmasını talep etti, fakat Alman devleti Öksüz'ün yakalanmasına izin vermedi, hatta istihbaratın kendisini koruduğu alman medyasında yer aldı (Tagesspiegel, 14.06.2018).

Bu olaylardan sonra Hareketin içinden bazıları Fethullah Gülen'e açık mektup yazdılar. Bu mektub da, uzun olmasına rağmen hareketi içeriden deşifre ettiği ve önemli ipuçları barındırdığı için alıntılanacak: 'Fethullah Gülene Açık Mektup! Bizler size bir zamanlar her şeyden çok inanarak sevmiş ve on yıllarca bir çok hizmette bulunup, binlerce insana 'asrın imamı' diye sizi anlatmış bir grup insan olarak, bu ülke insanlarına son yaşattığınız vahim olaydan sonra bu mektubu yazmayı ülkemize ve milletimize karşı vefanın bir gereği olarak görüyoruz. Siz kırk yılı aşkın bir zamandır, çocukluktan ahir ömürlerine kadar pek çok insanın hayatlarının en birinci belirleyicisi, yön vericisi oldunuz. Olumlu yönüyle bakılırsa yüzbinler bu vesileyle din ile tanıştı, sevdi ve seve seve ömrünü, malını, canını inandığı bu dava uğruna feda etti. Bizim gibi on binlerce genç liseden, üniversite yıllarına, oradan aktif meslek hayatlarına kadar sizin vaazlarınızda anlattığınız sahabelerle, Musablar'la, Ammarlar'la, Bilaller'le kendini özdeşleştirdi. Hizmetin ilk yıllarında samimane yapılan işlerden olan; yeni talebeler ararken de, gazete satarken de, burs ve himmet toplarken de hep bu sahabe ruhuyla hareket etmeye çalıştılar. Allah, art niyetlerinizi bilmeden dine hizmet ettiğini düşünen bu insanların hayırlarını kabul etsin. Bu kırk yıl içinde cemaatte itirazlar ve eleştiriler de yok değildi. Cemaate girerken dini alt yapısı olan bazı arkadaşlar, cemaatin bazı söylem ve eylemlerini sorgulasalar da, ev abiliği, semt, bölge, il, eyalet, ülke derken artan konum ve kademeler, en muhalif düşünce sahiplerini bile küçük birer hocaefendi yaptı. Aykırı düşünceleri olanlar eğer semt, bölge geçişlerinde elenmedilerse, tenkitlerine ancak geldikleri konuma zarar vermeyecek şekilde devam ettiler. Kimi zaman sözlü ve yazılı size iletilen tenkitlere karşı siz mutlaka İslam tarihinden örnekler vererek cevap verdiniz. Çoğu zaman da iyi polis rolünde dinleyerek mahremine vakıf olduğunuz o insanları arkadan verdiğiniz talimatlarla bitirdiniz. Bunun en bariz örneği 35 yıl boyunca yüzüne gülerek mütevellilerde konuşma yaptırdığınız Latif Erdoğan hakkında bütün imam ve bölgelere talimat vererek: 'Dikkat edin! O kişi hoca efendinin yerine geçmek istiyor' dedirttiniz. Ahmet Keleş'in harcanma sebebi ise sizi taklit etmesi ve etrafına esnaftan cemaat toplamasıydı. Tabii bunların ayak oyunları olduğunu çok sonra öğrendik. Hatta 2 sene öncesinde dönemin başbakanı ile görüşmeye gittiler diye Harun Tokak, Ali Bayram ve Recep Uzunallı'yı bile 40 yıllık hizmetlerine bakmadan hain ilan edip şu an medyaya yansıyan yerlerine sürgün ettiniz. Sizin bu yıldırmanız üzerine ayrılamadıkları için aranan 73 hain listesinde yer aldılar. Üst seviyedeki baskıları kötü polis rolünde olan Mustafa Özcan üzerinden genelde maaş keserek ve dışlayarak yürüttünüz. Aşağıdaki kalkışmaları ise üst seviyedeki insanlara verdiğiniz cezalarla korkutarak bastırdınız. Nihayet robot gibi, düşünmeden hareket eden imamlar ve cemaat ordusu yetiştirdiniz. Her ne problem olursa olsun eğer size ulaşmışsa mutlaka ilgilenilir, fakat o insan çoğu zaman sadece teselli ile yetinirdi. Bütün bu görünen çerçevede İslam tarihi, tatmin etmek için en büyük malzeme olarak kullanılırdı. Her mağduriyet Allah yolunda bir madalya, her başarı cemaatte olmanın bir zaferiydi. Ancak ev abiliğinde başarılı görülüp semt abiliğine geçiş yapanlar kod adı 'Hususi ve Şurti' olan 'Asker ve Polis' hizmetleri yani askeri okullara ve polis okullarına adam yetiştirme olarak adlandırılan derin hizmetle tanışırdı. 'Esas hizmetimiz budur. Askeri okullara bir adam sokmak, bir yurt, bir okul yapmak gibidir. Bütün okullar ve yurtlar kapansa önemi yok, yeter ki hususi hizmetler devam etsin' tarzı söylemlerle motive edildik. Artık her yönüyle kamuoyuna mal olmuş bu devlete sızma süreçlerinde en büyük motivasyon sizin şu öğretinizdi: 'Eğer her evden bir çocuk askeri okullara veya polise girmezse o aile reisi indallah hesap veremez'. Artık bizim için okulun, ailenin, geleceğin hiçbir önemi yoktu. Mademki ülkenin geleceği bu hizmetlere bağlıydı gerisi önemsizdi. Sınav sorularının çalınması ve öğrencilere verilmesi daha 1989 yılında başlamıştı. Bu hırsızlıkların da bir tek açıklaması vardı, savaş ortamında bu yapılanlar mübahtı. Abiler bütün bu hırsızlıklar olurken size sorduklarını ve izin vermediğinizi söyleyerek sizi temize de çıkarıyorlardı. Daha sonraki bütün zamanlarda ve usulsüz olaylarda siz hep haberi olmayan iyi polis rolüne devam ettiniz. Fakat cemaatin üstünü bilenler sizin izniniz olmadan cemaatte hiçbir şeyin yapılamayacağını da bilirlerdi. O dönem en başarılı çocukları askeriye, başarısı daha düşük olanları da polis okullarına soktuk. Gördük ki Polis Akademisi'ne giren çocuklar da 17-25 Aralık operasyonlarının beyin takımını oluşturdular. Yine 1990-91'li yıllarda değişen hükümetlerle yapılan pazarlıklara bağlı olarak mesela Oltan Sungurlu döneminde bölge imamları, semt imamları, yargıya girdiler. Hatta alevi dedelerinden referans bulmak suretiyle yargıya sızmak en çok Seyfi Oktay döneminde oldu. O dönemde yargıya giren ve bölge imamı seviyesine gelmiş insanlar son 5 yılın özel savcıları oldular ve bir kısmı da Yargıtay, Danıştay gibi yüksek mahkemelere atandılar. Hemen hepsi liyakatli olan bu ehil insanlar emirleri abilerden aldıkları için asla dini anlamda emin insan olamadılar. Oysa mümin emin insan demektir. Normal hayatlarında çok ahlaklı olan bu insanlar gelen emirleri kayıtsız şartsız uygulayarak birer militana dönüştüler. Son 5 yıldır onlara yaptığınız telkinlerle Tayyip Bey'i şeytan ve Türk halkını de uyutulmuş olarak gösterdiniz. Bu gün 3.000 civarı olarak açıklanan o isimler içerisinde özel davalara bakanların çoğu cemaatte en az semt imamlığı yapmış isimlerden oluşuyor. Görünen o ki 17-25 denemesinin öncesinde yüksek yargıya hâkim olmak istediniz ve oldunuz. 2010'da referandum desteğinizin perde arkası da sanırız bu plandı. Bugün görevden alınmış olan ve kayıplara karışan Fikret Seçen, Mehmet Yüzgeç, Celal Kara bölge imamı, eski Ankara başsavcısı İbrahim Kuriş (şu anda kanser tedavisi görüyor) ise en kıdemli bölge imamı idi. Yargı imamı olan Nazmi Dere (eğer değişmediyse) bütün bu kadroların listesini bizzat bilen kişiydi. Aynı dönemin kaymakamları veya maliyecileri de birbirlerini gayet iyi tanırlar. Buna rağmen halen inkara devam edip, bu insanların hepsini yüzüstü bırakıyorsunuz. Bugünlere gelinceye kadar askeriyede itirafçı olacak onlarca insanı baskılarla engellediniz. Evlilikleri bile kontrol altında olan bu insanlar her bir yandan kuşatıldılar. Yine 1990'dan sonra 2-3 kişilik gruplara ayrılan subaylar murakıp denilen takipçi imamlar yanında sohbet etmek ve tabii biraz da moral olması için zengin mütevellilerin genç çocuklarına bağlanarak sohbet ettirilmeye başladılar. Yine 1990 yılından sonra yurtdışı açılımı ve hizmetlerin büyümesi, cemaatin finans ve itibarının artması bu derin faaliyetleri daha da hızlandırdı. 2010 yılına geldiğimizde artık her güç odağının yanına uğramadan iş yapamayacağı hale gelen cemaat, devleti ele geçirdi ve operasyonlar başladı. Daha 2004 yılından itibaren Koç Grubu Ali Koç'u, Sabancı Grubu Ali Sabancı'yı sizinle irtibat için aracı tayin ettiler. O dönem İstanbul imamı olan Ahmet Kara, bu kişilerden Ali Abi diye bahsetmeye başlamıştı. Cemaatin kirli operasyonlar sorumlusu olan Ahmet Kara aynı zamanda Mustafa Özcan'ın da kara kutusu olduğu için Mustafa Yeşil gibi ilk onları yurtdışına kaçırdınız. 1980'den beri kimi zaman kamuoyu oluşturmak istediğiniz bir konuda taksilere binip, taksicilerle, dolmuşçularla kulis yapıp fısıltı gazetesiyle kamuoyu oluşturduk, kimi zaman da siyasilere adamlar gönderdiniz. Bütün bu süreçler devam ederken çıkan bütün arızalar yine sizin izahlarınız ile bertaraf edildi. On yıllar boyunca sistemi sorgulayan isimler ve fikirler hain ilan edilerek dışlandı. Son on seneye gelinceye kadar yaşanan problemler de sizin birkaç yüzlü tavırlarınız ile bastırıldı. Ya da en kötü ihtimalle 'Hoca efendi çok üzülüyor ama ne yapsın etrafındakiler...' tarzı söylemlerle hatalar başkalarına mal

131

edilerek geçiştirildi. Altunizade beşinci katta yaptığınız il ve ülke imamları toplantılarına Amerika'ya (sebebi şimdi ortaya çıkan) hicretinize (!) kadar katıldık. O toplantılarda aslında sizin ne kadar gaddar olabileceğinizi ve en küçük bir arızayı nasıl en sert tedbirlerle çözdüğünüzü gördük. Ön planda her zamanki gibi İslami yorumlar yaparken o toplantılarda Cuma akşamı hazırlanan ve bazen 200 maddeyi bulan ruzname iki gün boyunca size soruluyor ve her konuyla ilgili direk talimatlar veriyordunuz. İşin garibi Kazakistan'dan, Moldova'ya, oradan Türkiye'deki emniyete ve askeriyeye kadar bütün bürokratları isimleriyle tanıyor ve yorum yapıyordunuz. Bütün dünyanın bilgileri imamlar ve o ülkedeki yapılanmalar sayesinde size sel gibi akıyordu. Bu cemaatte 3-5 yıl kalmış hemen herkes Kara, Deniz, Hava gibi kuvvetlerin 1990'a kadar Büyükçelebi, Şengül, Özcan vs. gibi büyük abilere ve onların bir altında tabii takma isimleriyle Murat Ceylan, Sadık Tapkan, Veli ... vs. gibi gerçek isimlerini sadece kendilerinin bildiği insanlara bağlı olduğunu biliyor. Askeri işlerle uğraşan bu insanların isim ve soy isimleri sürekli değiştiği gibi kişiler de sürekli değişirdi. Siz Amerika'ya hicret (!) ettikten sonra da o yapının başat isimlerinin bir kısmı Amerika'da eyalet imamı oldular. Tabii şu anda Murat Ceylan gibi isimler belki beşinci eyalet değişikliğini yapmıştır ve yeni ismini de ancak oradakiler bilir. 2004 yılında ABD'de bir sohbette 'Benim, CIA, MOSSAD gibi teşkilatlardan endişem yok, hatta çamaşırlarının rengini bile biliyoruz. Benim endişem kardeşlerimiz arasındaki kavgalar' diyordunuz. Tabii biz bu uluslararası örgütlerin çamaşırlarını bile nereden bildiğinizi soramıyorduk. Hâsılı, karşımızda İslam düşmanları vardı. Askeriyeden polise, oradan yargıya ne yaparsak gelecek güzel günler için yapıyorduk. Askeri okullardaki öğrencilere ilk zamanlar içkiye atılan tablet ile çözüm üretilirken, deşifre olunca 1-2 kadeh fetvası, sonra daha pek çok fetva yavaş yavaş verildi. Abdest parça parça alınıp, namaz gerekirse tuvalette veya televizyon izlerken (çocuklara defalarca yaptırdık bu rezilliği) kılınabiliyordu. Hatta zor fetvalarda çocuklara kendi vicdanlarıyla hareket etmelerini söyleyip önünü açık bırakıyorduk. Sonuçta bir savaştaydık ve her şey mubahtı. Yargıdan eğitime kadar herkes takiyye yaparken Hasan Can, Yavuz Sultan Selim örneği verilirdi. Güya Hasan Can casus olarak kilisede papazlık yapmış ve: 'Sultanım beni buradan al. İçki içip, istavroz çıkarmaktan namazlarımdan zevk alamıyorum' demiş. Bunun üzerine Yavuz Sultan Selim: 'Orada kal, yerine başka adam yok' demiş. Daha birçok örnekle her şeye harp hukukuna sokularak fetva veriliyordu. Detay problemlere girmeden son iki senedir sohbetlerde yaptığınız gibi Allah, Peygamber, Sahabe hep sizinleydi ve tek gayeniz 'Ruhu revanı Muhammedinin dünyanın her yerinde Şehbal açmasıydı'. Bu cümle Yahya Kemal'in ezan şiirinden alınmış ve bir hadise işaret eden cümleydi. Okullarda CIA elemanlarının çalışması ve dini herhangi bir çalışma yapmamak gayet normaldi. Yoksa o ülkede hizmeti deşifre etmiş ve gelecek nesillerin hakkına girmiş olurduk. Kitaplara sığmayacak bu konuların neredeyse tamamı deşifre olduğu için daha fazla üzerinde durmayacağız. 2007'den beri yurtdışı, yurtiçi bütün mensuplarına Tayyip Erdoğan düşmanlığı aşılamaya başladın. Gerekçesi de Tayyip Erdoğan'ın seni kıskanması ve cemaati bitirmek istemesiyle izah ettin. Tüm yaşananlara rağmen halen her zamanki gibi sohbetlerde farklı arka planda farklı konuşuyorsun. Daha

133

birkaç gün önce başarısız darbe girişiminden sonra yabancı basın mensuplarına anlattığın IŞİD ve Suriye senaryolarını 2010'a kadar gizlice telkin ettin. Çünkü daha yargı tam olmamıştı. Ne zaman ki Danıştay, Sayıştay, Yargıtay, AYM cemaatin eline geçti, aynı senaryoları bütün kadrolarla yurt içi ve yurt dışında anlattırmaya başladın. Bütün istihbarat ve devlet içi elemanların senaryolar yazmaya başladılar. Önce üst başlıklar belirlendi, sonra emniyetçiler, yargıçlar ve diğer bütün bürokratlar eliyle deliller toplandı. Bütün bunlar 17-25 darbesi içindi. Fakat öyle bir güç zehirlenmesi vardı ki bölge imamından semt imamına kadar 2012'den itibaren her yerde: '2014 Aralık ayında Tayyip kaçacak' şeklinde yaymaya başladın. Artık CIA, MOSSAD ve senin Cemaatin organize çalışıyordu. Bunları gören insanların söyledikleri her şey bastırılıyor ve hain damgası yiyerek dışlanıyorlardı. Askeriyedeki cemaat dışı kadrolar Sarıkız, Balyoz, Ay Işığı gibi davalarla bitirilerek şimdi darbe yaptırmaya kalktığın askerlerin önü açıldı. Pek çoğu daha 40 yaşına geldiklerinde general oldular. 30 senedir senin talimatların ve dini tevillerinle esir alınmış beyinleriyle bütün şer senaryolarını hayata geçirdiler. Sen her zamanki gibi binde birini bile tanımazdın (!) Oysa senin tanımadığın ve 30 yıldır senin dizinin dibinde ders gören Adil Öksüz gibi imamlar aracılığıyla sana sormadan adım atmazlardı. Görünen o ki son 3-4 yıldır dış güçlerin kucağında her istediklerini yaptın. Tabandaki bazı kişiler halen senin dini söylemlerine inanmaya devam ediyorlar. Sana yakın kesimdeki hainler ise ya bu sistemden nasiplenmeye devam ettiklerinden ya da senin gibi başka çıkış yolları kalmadığından vatanlarına, milletlerine en önemlisi de dinlerine ihanet etmeye devam ediyorlar. Tanımam

134

dediğin ve onlar da itiraflarında seni tanımadıklarını söyleyerek harp hukukuna göre takiyye yaptıklarını düşündükleri şu ortamda hangi bir yalanı yazalım bilemiyoruz. O generaller bütün rütbelerini senin elinden almadılar mı? Sen her defasında onlara özel kalemler, saatler hediye etmedin mi? Onlar da sana yüzüklerini ve kılıçlarını hediye etmediler mi? Orta sınıf bir imamda bile bir sürü hediye kılıç varken sen nasıl hiçbirini tanımadığını söyleyebiliyorsun. Bütün o oramirallere sembolik olarak rütbeleri sen taktın. Yakalanan ve henüz deşifre olmamış yüzbaşı ve üzeri bütün rütbeliler senin yanına bir-iki defa gelenler tarafından bile görülmüş kişiler. Kaldı ki üst düzey görev yaptığı halde harcadığın şu an medyaya konuşan zatların da tanıdığı onlarca isimler var. Buna rağmen halen yalan, halen inkara devam ediyorsun. Sen milletine, ülkesine ihanet ederken bile ülke hasreti edebiyatını gözyaşı ile yapabilecek kadar, numarada zirveye çıkmış birisin. Biz bir dönem sana gönlünü kaptırmış insanlar olarak seni ve tabandaki masum arkadaşlarımızı uyarıyoruz. Tarih boyunca Cem Sultan gibi milletinden kaçarak, düşmanın kucağına düşenler iflah olmadılar. Bu darbeye katılan askerleri, cemaatte yüzlerce kişi tanırken, halen inkar etmeye devam edecek misiniz? Hayatının bu son yıllarında her şey ortaya çıktıktan sonra bile de yalana devam edecek misin? Bu nasıl bir yalanlama ve nasıl bir yüzsüzlüktür? Madem bu işi binlerce kişiyi ateşe atarak yaptırıyorsun, o zaman onlarla birlikte olup ceremesini de birlikte çekmen gerekmiyor mu? Yoksa dünyadaki vatanına ihanet eden tüm prensler, şehzadeler, paşalar, fikir önderleri gibi sen de kendi ülkesi hakkında projeleri olan başka bir ülkenin yedeğinde kalacak mısın? Vatanına, milletine, diğer müslümanlara ve son olarak kendi yetiştirdiğin bu insanlara ihanet etmek hangi kitaba sığar? Amerika'da tutsaksan ve gelemiyorsan, bunca insanın canına kıydırdıktan sonra, tövbe edip Allah için hayatına son vermek de düşünmen gereken bir seçenektir. Son olarak cemaate Allah yolunda hizmet etmek için gönül vermiş, masum ve kandırılmış kardeşlerimize seslenmek istiyoruz. Bir kısmınız son 3-4 yıl içinde durumu anlayarak cemaatten koptu, fakat bir kısmınız da karşı propagandalara inanarak, bunca yıldır yüksek idealler peşinde koştuğunuzu düşündükten sonra cemaat üzerinden kimlik bulmanın da etkisiyle cemaatten ayrılamadınız. Fakat Lütfen bu darbeyi cemaatin yetiştirdiği askerlerin yaptığı bu kadar netken, halen bu işin bir İslam davası olduğunu sanmaya devam etmeyin. İslam tarihi çok kalleş gördü ama bu derece bir kalleşlik hiç bir zaman yapılmamıştı. Sadece siz değil, hepimiz, tüm ülke olarak kandırıldık. Fakat nefesimiz daha bitmedi. Bundan sonraki hayatımızı yaptığımız hataları düzeltmek için kullanma imkanımız halen var. Sizin de kabul edeceğiniz gibi insanların ne dediği az önemlidir, esas önemli olan Allah'ın ne dediğidir. Allah doğruluk, adalet, merhamet üzeredir ve bizden de öyle olmamızı ister. Allah tövbeleri kabul edendir, yeter ki tövbe etmeyi bilelim. Kamuoyuna arz ederiz. Cemaat abilerinden bir grup' (Taşgetiren, 2016).

Daha sonraki yıllarda cemaat içinde önemli yere sahip olan Mustafa Özcan ve Fethullah Gülen arasında bir kriz başladı. Özcan, cemaati Avrupa'da, merkezi Almanya olmak üzere, tekrar toparlamaya çalıştı. Gülen ve Özcan arasında hareketin parası ve hareket içerisinde güç sahibinin kim olacağı ile ilgili ciddi tartışmalar yaşandı. Bu tartışmalar halen sürüyor ve neticelenmedi.

Sonuç

Sosyolojik manada, cemaat aynı hedefleri ve aynı dünya görüşlerini paylaşan kişileri biraraya getiren bir yapıdır. Cemaatler, bireylerine anlam katarlar ve karmaşık dünyada hareket etmelerini kolaylaştırırlar. Karizmatik bir lider, etrafında bireyleri toplamayı başarır ve cemaatin hedeflerini gerçekleştirmek için ağlar kurar.

Gülen Hareketinin karizmatik lideri Fethullah Gülen. Gülen bu hareketin tam merkezinde ve tek lideri. Hareket, hedeflerine ulaşabilmek için hızlı bir şekilde her türlü sosyal kesim ile ağlar kurdu.

Gülen Hareketi dini bir cemaat olarak başlamış olsa da, geldiği noktada dini bir cemaat olmaktan çıkmıştır. Yaptığımız araştırmanın da neticesi olarak Harekete sosyolojik olarak örgüt demek daha doğrudur. Nitekim FETÖ kavramı da bu gerçeği ortaya koyuyor.

Gülen, hem dindar insanları, hem diğer dini cemaatleri, özellikle Bediüzzaman Said Nursi'yi, kendi emelleri için yıllarca kullandı. Bunu yaparken kendi hareketini kurdu. Bu da yetmedi, paranoid sebeplerden dolayı devleti de ele geçirmeye çalıştı.

Devletin tüm kurumlarına yerleşebilmek için herşey mübah sayıldı. Takiyyecilik, hareketin en yaygın metodu haline geldi. Bu dünyevileşme sürecinde hareket, dini cemaat olma vasfını da kaybetmiş oldu. Dünyevi güç, ihtiras, makam kendilerini bir nevi sarhoş etti.

Bu sarhoşlukları sebebiyle kendi vatanlarını başkalarına haksız yere iftiralarla suçlamaya, kötülemeye yönelik hareketlerde bulundular ve neticede bir darbe teşebbüsü gerçekleştirdiler. Örgüt, kendisini ayakta tutabilmek için, kendi insanını ve vatanını yok etmeyi göze ardı. Ama başarısız oldu.

Gülen Hareketinin artık Türkiye'de tutunabilecek dalı kalmadı. Bu nedenle yurtdışında farklı ülkelerde yapılanmaya çalışıyor. Almanya örneğinde görüldüğü gibi, Türkiye'deki gibi tekrar bir medya imparatorluğu kurulmaya çalışılıyor.

Sosyolojik olarak olaya baktığımızda tabanları erimeye başladı. Yeni üyeler kazanmaları ise çok zor. İç çatışmalar sebebiyle de harekette çatlantılar gözüküyor. Tahminen hareket ileri yıllarda bir kaç parçaya bölünecektir ve ardından tarihin çöplüğüne „ibretlik ve hazin bir hikaye" olarak gömülecektir.

Kaynakça

- Agai B.: Zwischen Netzwerk und Diskurs. Das Bildungsnetzwerk um Fethullah Gülen (geb. 1938) : Die flexible Umsetzung modernen islamischen Gedankenguts. EB-Verlag: Schenefeld, 2004
- Agai B.: Fethullah Gülen: Die größte türkisch-islamische Bildungsbewegung. In: Amirpur K., Ammann L. (Hrsg.): Der Islam am Wendepunkt. Liberale und konservative Reformer einer Weltreligion. Herder: Freiburg im Breisgau, 2006, S. 55-63
- A Haber: Deşifre Programı. Prof. Dr. Ahmet Keleş. 17.03.2014
- Akdoğan Y.: Siyal İslam. Refah Partisi'nin Anatomisi. Şehir Yayınları: İstanbul, 2000
- Akgündüz A.: Risale-i Nur Hareketi, Tarikat mı, Cemiyet mi, Cemaat mı? Yayınlandığı yer: 3. Uluslararası Bediüzzaman Sempozyumu. Nesil: İstanbul, 1995, s.150-159
- Akman N.: Interview mit Fethullah Gülen. 6. Teil. Zaman, 27.03.2004
- Aköz E., Atal N.: Said Nursi'den Fethullah Gülen'e Nur Cemaati. Sabah, Artikelserie, 12.12.2004-06.01.2005
- Aksiyon Dergisi: Interview mit Fethullah Gülen. 06.06.1998
- Albayrak A.: Sosyal Değişim Sürecinde Risale-i Nur Hareketi. Nesil: İstanbul, 2002
- Albayrak N.: Özal'dan Fethullah Gülen'e Hitler benzetmesi. 27.04.2016

- Anderson B.: Imagined Communities. Reflections of the origin and spread of nationalism. Verso: London, 1991
- Ankara DGM No:2: Fethullah Gülen'in savunması. Aktennummer 2000/124E
- Aras B.: Turkish Islam's Moderate Face. In: Middle East Quarterly, September, 1998, Volume 5, Number 3, S. 23-31
- Aras B., Caha O.: Fethullah Gülen and his Liberal 'Turkisch Islam' Movement. In: Middle East Review of International Affairs, Vol. 4, No. 4, Dezember, 2000, S. 30-42
- ATV: Savaş Ays Interview mit Fethullah Gülen. 23.11.1995
- ATV: Fethullah Gülens Videoaufnahmen. 18.06.1999
- Aydüz D., Erdoğan L.: Fethullah Gülen'in İslami Anlayışı ve Düşünce Çizgisi. Internet: http://tr.fgulen.com/content/view/3200/127/. 2006.
- Bachmann R.: Die Koordination und Steuerung interorganisationaler Netzwerkbeziehungen über Vertrauen und Macht. Yayınlandığı yer: Sydow J., Windeler A. (Ed.): Steuerung von Netzwerken. Westdeutscher Verlag: Opladen, 1999, s.107-125
- Barlas M.: Hocaefendi Sendromu. Birey: Istanbul, 2000
- Beck U.: Risikogesellschaft. Auf dem Weg in eine andere Moderne. Suhrkamp: Frankfurt am Main, 1986
- Beck U: Politik in der Risikogesellschaft. Suhrkamp: Frankfurt am Main, 1991

- Beck U. (Ed.): Perspektiven der Weltgesellschaft. Suhrkamp: Frankfurt am Main, 1998
- Beck U.: Weltrisikogesellschaft. Suhrkamp: Frankfurt am Main, 2007
- Becker F.: Netzwerke vs. Gesamtgesellschaft: ein Gegensatz? Anregungen für Verflechtungsgeschichte. Yayınlandığı yer: Geschichte und Gesellschaft 30 (2004), s.314-324
- Bell A.: Turkish Islamic Leader Defies Radical Label. Interview für Reuters. 07.08.1995
- Bell D.: Die nachindustrielle Gesellschaft. Campus: Frankfurt am Main, New York: 1989
- Berger P. L.: Ein Marktmodell zur Analyse ökumenischer Prozesse. Yayınlandığı yer: Internationales Jahrbuch für Religionssoziologie 1, 1965, s.235-249
- Berger P. L.: Zur Dialektik von Religion und Gesellschaft. S. Fischer Verlag: Frankfurt am Main, 1973
- Berger P. L., Luckmann Th.: Die gesellschaftliche Konstruktion der Wirklichkeit. S. Fischer Verlag: Frankfurt am Main, 1970
- Boissevain J.: Friends of Friends. Networks, Manipulators and Coalitions. Basil Blackwell: Oxford, 1974
- Bourdieu P.: Ökonomisches Kapital, kulturelles Kapital, soziales Kapital. Yayınlandığı yer: Reinhard Kreckel (Ed.): Soziale Ungleichheiten. Sonderband 2 der Sozialen Welt. Schwartz: Göttingen, 1983, s.183-198
- Braun N.: Tausch in Netzwerken. Yayınlandığı yer: Diekmann A., Voss T. (Ed.): Rational-

Choice-Theorie in den Sozialwissenschaften: Anwendungen und Probleme: Oldenbourg: München, 2004, s.129-141
- Buckley P., Casson M.: A Theory of Cooperation in International Business. Yayınlandığı yer: Contractor F., Lorange P. (Ed.): Cooperative Strategies in International Business. Lexington Books: Lexington, 1988, s.31-53
- Castells M.: Der Aufstieg der Netzwerkgesellschaft. Teil 1 der Trilogie Das Informationszeitalter. Leske + Budrich: Opladen, 2001
- CNN Türk: Interview mit Mehmet Ali Birand. Medya Mahallesi, 02.06.2011
- Coleman J.: Social Capital in the Creation of Human Capital. Yayınlandığı yer: American Journal of Sociology 94, 1988, s.95-120
- Coleman J.: Foundations of Social Theory. Harvard University Press: Cambridge, 1990
- Coleman J.: Grundlagen der Sozialtheorie. Cilt 1. Handlungen und Handlungssysteme. R. Oldenbourg: München, 1991
- Çakır R.: Gülen cemaatinin sırları. Vatan, 21.10.2007
- Çakır E.: Fethullah Gülen'in 'küçük' ihaneti! Yeni Şafak, 16.03.2014
- Çalışlar: Cemaat ve Tarikatların Siyasetteki 40. Yılı. Erbakan – Fethullah Gülen kavgası. Sıfır Noktası: Istanbul, 2001
- Çayır K.: İslamcı bir sivil toplum örgütü: Gökkuşağı İstanbul Kadın Platformu. Yayınlandığı yer: Göle N. (Ed.): İslamın Yeni

Kamusal Yüzleri. Bir Atölye Çalışması. Metis: İstanbul, 2000, s.41-67

- Dehnbostel P.: Netzwerkbildungen und Lernkulturwandel in der beruflichen Weiterbildung. Basis für eine umfassende Kompetenzentwicklung? Yayınlandığı yer: GdWZ, Cild 3, 2001, S. 104-106
- Die Presse: EU-Geheimbericht: Gülen spielte keine Rolle beim Putschversuch in der Türkei. 17.01.2017
- Durkheim E.: Der Selbstmord. Luchterhand: Neuwied/Berlin, 1973
- Durkheim E.: Über soziale Arbeitsteilung. Studie über die Organisation höherer Gesellschaften. Suhrkamp: Frankfurt am Main, 1992
- Eickelman Dale F.: Inside the Islamic Reformation. In Wilson Quarterly 22, Nr.1, Winter 1998, S. 80-89
- Erdoğan L.: Fethullah Gülen Hocaefendi. Küçük Dünyam. AD Yayıncılık: Istanbul, 1995
- Erdoğan L.: Şeytanın Gülen yüzü. Turkuvaz: Istanbul, 2016
- Ergene M. E.: Geleneğin Modern Çağa Tanıklığı. Gülen Hareketinin Analizi. Yeni Akademi Yayınları: Istanbul, 2005
- Erkoca Y.: Genelkurmay Yanlış Bilgilendirilmiş. In: NTV MAG, 14. Oktober, 2000, S. 72-75
- Fortes M.: The Web of Kinship among the Tallensi. Oxford University Press: London, 1949
- Fox A.: Beyond Contract: Work, Power and Trust Relations. Faber & Faber: London, 1974

- Fuchs S.: Against Essentialism. A Theory of Culture and Society. Harvard University Press: Cambridge, 2001
- Giddens A.: The Consequences of Modernity. Cambridge University Press: Cambridge, 1990
- Giddens A.: Risk, Trust, Reflexivity. Yayınlandığı yer: Beck U., Giddens A. (Ed.): Reflexive Modernization. Stanford University Press: Stanford, 1994
- Gondek H.-D., Heisig U., Littek W.: Vertrauen als Organisationsprinzip. Yayınlandığı yer: dies. (Ed.): Organisation von Dienstleistungsarbeit: Sozialbeziehungen und Rationalisierung im Angestelltenbereich. Edition Sigma: Berlin, 1992, s.33-55
- Gould R.: Collective Action and Network Structure. Yayınlandığı yer: American Sociological Review, 58/2, 1993, s.182-196
- Göle N.: 80 Sonrası Politik Kültür. Yayınlandığı yer: Kalaycıoğlu E., Sarıbay A.Y. (Ed.): Türkiye'de Siyaset: Süreklilik ve Değişim. Der Yayınevi: İstanbul, 1986, s.509-511
- Göle N.: Gendered Nature of the Public Sphere. Yayınlandığı yer: Public Culture No. 10, 1997, s.61-81
- Granovetter M.: The Strength of Weak Ties. Yayınlandığı yer: American Journal of Sociology, 78/6, 1973, s.1360-1380
- Granovetter M.: Economic Action and Social Structure: The Problem of 'Embeddedness'. Yayınlandığı yer: Granovetter M., Swedberg R.

(Ed.): The Sociology of Economic Life. Westview Press: Boulder, 1992, s.53-81

- Granovetter M.: Ökonomische Institutionen als soziale Konstruktionen – Ein Analyserahmen. Yayınlandığı yer: Bögenhold D. (Ed.): Moderne amerikanische Soziologie. Lucius & Lucius: Stuttgart, 2000, s.199-217
- Grundwald W.: Wie man Vertrauen erwirbt: Von der Misstrauens- zur Vertrauensorganisation. Yayınlandığı yer: Management Zeitschrift 64, No. 1-2, 1995, s.73-77
- Gülen F.: Son Karakol. In: Sızıntı Dergisi, Oktober, 1980
- Gülen F.: Fasıldan Fasıla. Cilt 2. 2. baskı. Nil: Izmir, 1995
- Gülen F.: Prizma. Cilt 1-2. Nil: Izmir, 1997
- Gülen F.: Fasıldan Fasıla. Cilt 1. Nil: Izmir, 1998a
- Gülen F.: Ölçü veya yoldaki ışıklar. Cild 1. 12. baskı. Nil: Izmir, 1998b
- Güler T.: Kara propaganda. Akşam, 18.01.2014
- Haber 10: Cemaat mensubundan şok itiraflar: İşte Paralel Devletin kodları! 31.12.2013
- Haberler.com: Erdoğan: „Pensilvanya'da ki bu zatın yalanlarına maalesef aldandık". 21.03.2014
- Haberler.com: İhsan Kalkavan, 'Fethullah Gülen'in Futbol Projesi' Haberine Açıklık Getirdi. 22.05.2014
- Hablemitoğlu N.: Köstebek. Birharf Yayınları: İstanbul, 2003

- Hartfiel G., Hillmann K.: Wörterbuch der Soziologie. 3. baskı. Alfred Körner Verlag: Stuttgart, 1982
- Hermann R.: Die drei Versionen des politischen Islam in der Türkei. In: Orient, Nr.37 (1), 1996, S. 35-57
- Hobbes T.: Leviathan or the Matter, Forme, & Power of a Common-wealth Ecclesiasticall and Civil. Andrew Crooke: London, 1651
- Holzer B.: Netzwerke. Transcript: Bielefeld, 2006
- Hürriyet: Beceremediniz, artık bırakın. 18.04.1997
- Hürriyet: Okulları devrediyor. 23.12.1997
- Hürriyet: Gülen, geçmişini nasıl görüyor? 03.04.1998
- Hürriyet: Fethullah Gülen ABD'de oturma iznini nasıl aldı? 09.05.2014
- Hürriyet: Son dakika haberi: Ve o isim her şeyi itiraf etti! 22.07.2016
- Iftiralaracevap.com: İftiralara Cevaplar
- Ilıcak N.: Nurettin Veren ve The Cemaat'te yeni bir ihanet! Sabah, 03.09.2010
- İnternethaber: Mehmet Görmez'in ifşası Mustafa Özcan detayı bomba! 19.07.2018
- Jansen D.: Einführung in die Netzwerkanalyse. Grundlagen, Methoden, Anwendungen. Leske + Budrich: Opladen, 2003
- Jütte W.: Soziales Netzwerk Weiterbildung. Analyse lokaler Institutionenlandschaften. Bertelsmann: Bielefeld, 2002
- Johanson J., Mattson L.: Interorganizational Relations in Industrial Systems: A Network

Approach Compared with the Transaction-Cost Approach. Yayınlandığı yer: International Studies of Management and Organization, 18 (1), 1987, s.34-48

- Kanal A: Gülen'den Peygamber Efendimiz (SAV) hakkında skandal ifadeler. 15.08.2016
- Kanal D: Yalçın Doğans interview mit Fethullah Gülen. 16.04.1997
- Kaplan Y.: Twitter Nachricht. 23.07.2016
- Karabaşoğlu M.: Text and Community: An Analysis of the Risale-i Nur Movement. In: Abu-Rabi I. (Ed.): Islam at the Crossroads. On the Life and Thought of Bediüzzaman Said Nursi. State University of New York Press: New York, 2003, S. 263-296
- Karakaya H.: İşte, Fetullah Gülen'in Kur'an-ı Kerim'i yere fırlattığı o cami! Yeni Akit, 27.10.2014
- Khaldun Ibn: Muqaddima. F. Maspero: Paris, 1966
- Knobbe M., Popp M.: Schöner Schein. In: Der Spiegel, Nr. 24, 09.06.2018, S. 44-47
- Kristianasen W.: New Faces of Islam. In: Le Monde Diplomatique. English Edition. Juli, 1997, S. 16-27
- Lipp W.: Stigma und Charisma. Über soziales Grenzverhalten. Reimer: Berlin, 1985
- Lipp W.: Drama Kultur. Duncker und Humblot: Berlin, 1994
- Lipp W.: Charisma. Yayınlandığı yer: Schäfers B. (Ed.): Grundbegriffe der Soziologie. 8. baskı. Leske + Budrich: Opladen, 2003, s.45-47

- Luhmann N.: Vertrauen. Ein Mechanismus der Reduktion sozialer Komplexität. Enke: Stuttgart, 1973
- Luhmann N.: Trust and Power. Wiley: Chichester, 1979
- Luhmann N.: Soziale Systeme. Grundriss einer allgemeinen Theorie. Suhrkamp: Frankfurt am Main, 1984
- Luhmann N.: Inklusion und Exklusion. Yayınlandığı yer: Soziologische Aufklärung 6. Westdeutscher Verlag: Opladen, 1995a, s.237-264
- Luhmann N.: Die Weltgesellschaft und ihre Religion. Yayınlandığı yer: Solidarität 45, Cild 9/10, 1995b, s.11-12
- Luhmann N.: Religion als Kommunikation. Yayınlandığı yer: Tyrell H., Krech V., Knoblauch H. (Ed.).: Religion als Kommunikation. Ergon: Würzburg, 1998, s.135-145
- Luhmann N.: Vertrautheit, Zuversicht, Vertrauen: Probleme und Alternativen. Yayınlandığı yer: Hartmann M., Offe C. (Ed.): Vertrauen: die Grundlage des sozialen Zusammenhalts. Campus: Frankfurt am Main, 2001, s.143-160
- Mardin Ş.: Anmerkungen zu normativen Konflikten in der Türkei. Yayınlandığı yer: Berger, P. L. (Ed.): Die Grenzen der Gemeinschaft. Bertelsmann Stiftung: Gütersloh, 1997, s.355-397
- Mead G.H.: Geist, Identität und Gesellschaft. Suhrkamp: Frankfurt am Main, 1968

- Medya Gündem: Gülen gerçekten rüyasında Peygamberimizi mi görüyor? 17.02.2014
- Mettele G.: Eine 'Imagined Community' jenseits der Nation. Die Herrnhuter Brüdergemeinde als transnationale Gemeinschaft. Yayınlandığı yer: Geschichte und Gesellschaft 32, 2006, s.45-68
- Mıhçıyazgan U.: Identitätsbildung zwischen Selbst- und Fremdreferenz. Überlegungen zur Beschreibung der Identität muslimischer Migranten. Yayınlandığı yer: Schreiner P. (Ed.): Identitätsbildung in multikultureller Gesellschaft. Beiträge eines interdisziplinären Kolloquiums. Comenius-Institut: Münster, 1994, s.31-48
- Milli Gazete: Mehmet Görmez'den flaş sözler: Sisi'nin çocukları FETÖ'nün okullarında okudu. 19.07.2018
- Milliyet: Gülen de uyardı. 18.04.1997
- Milliyet: Haşhaşiler kimdir? Haşhaşi ne demek? 14.01.2014
- Milliyet: Erdoğan'dan Gülen'e sert eleştiriler. 02.03.2014
- Misawa: Risale-i Nur'lar sadeleştirildi. Internet: http://forum.misawa.de/showthread.php/16137-Risale-i-Nur%C2%B4lar-sadelestirildi. 2012
- Misawa: Cemaat ve Ak Parti (Fethullah Gülen ve Tayyip Erdoğan) Internet: http://forum.misawa.de/showthread.php/2842-Cemaat-ve-Ak-Parti-(Fethullah-G%C3%BClen-Tayyip-Erdogan). 2013
- Misawa: Risale-i Nur ve telif hakkı. Internet: http://forum.misawa.de/showthread.php/18491-Risale-i-Nur-ve-telif-hakki. 2014

- Mısıroğlu K.: Tarihten Günümüze Tahrif Hareketleri. Cilt 3. Sebil Yayınevi: Istanbul, 2012
- Muhtar R.: Fethullah Hoca ile Bülent Ecevit ilişkisi ve 28 Şubat. Vatan, 03.02.2012
- Neue Zürcher Zeitung: Helen Rose Ebaugh ile söyleşi. 21.06.2010
- Nursi S.: Das oberste Zeichen. Sözler: İstanbul, 1994
- Nursi S.: Hutbe-i Şamiye. Yeni Asya: İstanbul, 1995b
- Nursi S.: Ayet'ül Kübra. Envar: İstanbul, 2003
- Öksüz U. A., Şahinöz C.: Gülen-Bewegung: Dialog zwischen Integrationsarbeit und Sektenwahn. In: Ayasofya, Nr. 60, 2018
- Özışık H.: 'Hoşgörü isteyen Cemaat, CHP'ye oy istedi!'. İnternethaber, 31.03.2014
- Özışık S.: Bizim Fetö'cüler, sizin Fetö'cüler! İnternethaber, 02.09.2016
- Pappi F. (Ed.): Methoden der Netzwerkanalyse. Techniken der empirischen Sozialforschung Bd.1. Opladen: München, 1987
- Popp M.: Gülens Rolle beim Türkei-Putsch. Imam der Armee. In: Der Spiegel, 15.07.2017
- Posch W.: Islam und Islamismus in der Türkei. Yayınlandığı yer: Feichtinger W., Wentker S. (Ed.): Islam, Islamismus und islamischer Extremismus. Landesverteidigungsakademie Österreich: Wien, 2005, S. 167-187
- Powell W.: Weder Markt noch Hierarchie: Netzwerkartige Organisationsformen. Yayınlandığı yer: Kenis P., Schneider V. (Ed.): Organisation und Netzwerk. Institutionelle

Steuerung in Wirtschaft und Politik. Campus: Frankfurt am Main, New York, 1996, s.213-269

- Preisendörfer P: Vertrauen als soziologische Kategorie. Yayınlandığı yer: Zeitschrift für Soziologie, 24. Yıl, Cild 4, Ağustos 1995, s.263-272

- Reed F.A.: Anatolia Junction: A Journey into Hidden Turkey. Taloonbooks: British Columbia, 1999

- Ripperger T.: Die Effizienz des Vertrauensmechanismus bei der Organisation internationaler Transaktionen. In Herder-Dorneich P., Schenk K.-E., Schmidtchen D. (Ed.): Jahrbuch für neue politische Ökonomie. Cilt 18. Globalisierung und Rechtsordnung. Mohr: Tübingen, 1999, s.257-291

- Risale Haber: Fethullah Gülen'e okuduğum ilk risale. 27.01.2011

- Risale Haber: Said Nursi'nin o talebeleri beni çok etkiledi. 12.12.2011

- Risale Haber: Cumhurbaşkanı Erdoğan, FETÖ ile Said Nursi'nin farkını anlatıyor. 25.07.2016

- Risale Haber: Görmez: FETÖ üzerinden Said Nursi ve Risale-i Nur'a bakmak fitnedir. 30.08.2016

- Roy O.: Siyasal İslam'ın İflası. 2. baskı. Metis: İstanbul, 1995

- Sabah: Türkiye Cezayir olabilirdi. Fethullah Gülen ile söyleşi. 26.01.1995

- Sabah: STV'de Peygamberimize saygısızlık. 11.02.2014

- Sabah: Beyaz yakalılar darbesi. 04.10.2015

- Sabah: "FETÖ lideri Gülen kendini Mesih ilan ettirdi'". 04.08.2016
- Sabah: Fetullah Gülen "İktidarı devirmeyi 20 yaşımda planlamıştım". 18.08.2016
- Sabah: 15 Temmuz'u NATO ve Pentagon biliyordu. Hakan Yavuz ile söyleşi. 10.07.2017
- Schäfers B.: Gesellschaft. Yayınlandığı yer: ders. (Ed.): Grundbegriffe der Soziologie. 8. baskı. Leske + Budrich: Opladen, 2003b, s.109-114
- Sydow J., Windeler A.: Steuerung von und in Netzwerken – Perspektiven, Konzepte, vor allem aber offene Fragen. Yayınlandığı yer: dies. (Ed.): Steuerung von Netzwerken. Konzepte und Praktiken. Westdeutscher Verlag: Opladen, 1999, s.1-24
- Seufert G.: Politischer Islam in der Türkei. Franz Steiner Verlag: İstanbul, 1997
- Seufert G.: Überdehnt sich die Bewegung von Fethullah Gülen? Eine türkische Religionsgemeinde als nationaler und internationaler Akteur. SWP-Studie: Berlin, 2013
- Simmel G.: Soziologie. Untersuchungen über die Formen der Vergesellschaftung. Duncker & Humblot Verlag: Leipzig, 1908
- Simmel G.: Soziologie. Suhrkamp: Frankfurt am Main, 1992
- Sky Türk: Interview mit Hakan Yavuz. Anlamak için, 14.07.2008
- Sönmez A.: Fethullah Gülen Gerceği. 2. baskı. Kaynak: Izmir, 1999
- Spinner H.: Die Architektur der Informationsgesellschaft. Philo: Bodenheim, 1998

- Strauss A. (Ed.): George Herbert Mead on Social Psychology. University of Chicago Press: Chicago, 1956
- Staber U.: Steuerung von Unternehmensnetzwerken: Organisationstheoretische Perspektiven und soziale Mechanismen. Yayınlandığı yer: Sydow J., Windeler A. (Ed.): Steuerung von Netzwerken. Konzepte und Praktiken. Westdeutscher Verlag: Opladen, 1999, s.58-87
- STV: Interview mit Fethullah Gülen. 29.03.1997
- STV: Fethullah Gülens Biographie. 1. Folge: 06.12.2005; 2. Folge: 13.12.2005; 2005
- Sztompka P.: Vertrauen: Die Fehlende Ressource in der postkommunistischen Gesellschaft. Yayınlandığı yer: Kölner Zeitschrift für Soziologie und Sozialpsychologie. Özelsayı 35, 1995, s.254-276
- Şahinöz C.: Sırlar Dünyası insanları pasifleştiriyor. Internet: https://misawatruth.wordpress.com/2004/12/12/12-12-2004-sirlar-duenyasi-insanlari-pasiflestiriyor. 12.12.2004
- Şahinöz C.: Nurculuk – Gülen Hareketi farkı. Internet: https://misawatruth.wordpress.com/2006/01/10/10-01-2006-nurculuk-guelen-hareketi-farki/. 10.01.2006
- Şahinöz C.: Hürriyet vs. Zaman. Internet: https://misawatruth.wordpress.com/2007/07/12/12-07-2007-huerriyet-vs-zaman/. 12.07.2007

- Şahinöz C.: İnternet Anketleri. Internet: https://misawatruth.wordpress.com/2008/04/07/07 -04-2008-internet-anketleri. 07.04.2008a
- Şahinöz C.: Ergenekon TV. Internet: https://misawatruth.wordpress.com/2008/07/17/17 -07-2008-ergenekon-tv. 17.07.2008b
- Şahinöz C.: Die Nurculuk Bewegung. Entstehung, Organisation und Vernetzung. Nesil: Istanbul, 2009
- Şahinöz C.: Fethullah Gülen – Ak Parti kavgası. İkinci Vatan Gazetesi, 06.06.2010
- Şahinöz C.: Zaman Gazetesi Diyanet, DİTİB ve imamları hedef aldı. Internet: https://misawatruth.wordpress.com/2014/02/03/03 -02-2014-zaman-gazetesi-diyanet-ditib-ve-imamlari-hedef-aldi. 03.02.2014
- Şahinöz C.: ERNA Başkanından çarpıcı açıklamalar. Internet: https://misawatruth.wordpress.com/2016/06/17/17 -06-2016-erna-baskanindan-carpici-aciklamalar. 17.06.2016a
- Şahinöz C.: Putsch der Falschinformationen. In: Huffington Post., 21.07.2016b
- Şahinöz C.: F.Gülen'in Bediüzzaman'ı Kürt diye görmek istememesi kaderin cilvesi. Risale Haber, 16.08.2016c
- Şahinöz C.: Die Gülen Bewegung. Religionsgemeinschaft oder Geheimbun? BOD: Norderstedt, 2016d
- Şahinöz C.: Nurculuk Hareketi. Sosyolojik Bir Araştırması. BOD: Norderstedt, 2018

- Şahinöz C.: Die Nurculuk Bewegung. Entstehung, Organisation und Vernetzung. 4. Auflage. BOD: Norderstedt, 2019
- Şener N.: Gladyo'nun parçası FETÖ. Posta, 05.12.2018
- T24: Darbe girişiminin üzerinden bir ay geçti; kaç kişi tutuklandı, hangi kurumlar kapatıldı? 15.08.2016
- Tacke V.: Netzwerk und Adresse. Yayınlandığı yer: Soziale Systeme 6/2, 2000, s.291-320
- Tagesspiegel: Türkische Medien veröffentlichen Berliner Anschrift von Erdogan-Gegner. 14.06.2018
- Taşgetiren A.: İçerden bir çığlık. Star, 03.08.2016
- Tempo: Gülen Hareketi. 02.07.1997, S. 46-50
- Teubner G.: The Many-Headed Hydra: Networks as Higher-Order Collective Actors. Yayınlandığı yer: Corporate Control and Accountability. Changing Structures and the Dynamics of Regulation. Clarendon Press: Oxford, 1993, s.41-60
- The Kansas City Star: WikiLeaks cables show U.S. diplomats warned the government about Gulen. 11.08.2016
- Time Türk: Fethullah Gülen'in rüyası ve Başbakan Erdoğan. 30.12.2013
- Time Türk: Efendimiz (SAV) Gülen'e, twitleri ikiye katlayın demiş. 30.01.2014
- Tönnies F.: Gemeinschaft und Gesellschaft. Wissenschaftliche Buchgesellschaft Darmstadt: Darmstadt, 1979

- Turkish Daily News Gazetesi: Fethullah Gülen ile söyleşi. 18.02.1995
- Urry J.: Small Worlds and the New ´Social Physics´. Yayınlandığı yer: Global Networks, 4/2, 2004, s.109-130
- USA Today: U.S. lawmakers got suspect Turkish campaign cash. 23.11.2015
- Ünal İ.: Hocaefendi ile bir ay. Işık: Istanbul, 2001
- Veren N.: Kuşatma. Siyah Beyaz Yayınları: Istanbul, 2007
- Veren N: FETO. Destek Yayınları: Istanbul, 2016
- Veren N.: Erbakan Hocanın parti kurma teklifini Gülen niçin reddetti. Yeni Akit, 07.04.2016
- Verfassungsschutz Baden-Württemberg: Bericht des Landesamts für Verfassungsschutz Baden-Württemberg über die Prüfung tatsächlicher Anhaltspunkte für verfassungsfeindliche Bestrebungen der Bewegung um den türkischen Prediger Fethullah Gülen. 25.07.2014
- Wagner G.: Expatriates als Netzwerkarchitekten. Yayınlandığı yer: Mense-Petermann U., Wagner G. (Ed.): Transnationale Konzerne als neuer Organisationstyp? VS Verlag: Wiesbaden, 2006, s.225-247
- Watts D.: The ´New´ Science of Networks. Yayınlandığı yer: Annual Review of Sociology, 30, 2004, s.243-270
- Weber M.: Wirtschaft und Gesellschaft. Grundriss der verstehenden Soziologie. 5.baskı. J.C.B. Mohr: Tübingen, 1980
- Weber M.: Soziologische Grundbegriffe. 6.baskı. J.C.B. Mohr: Tübingen, 1984

- Weber M.: Über einige Kategorien der verstehenden Soziologie. Yayınlandığı yer: ders.: Gesammelte Aufsätze zu Wissenschaftslehre. 7. baskı. J.C.B. Mohr: Tübingen, 1988
- Weber M.: Schriften zur Soziologie. Reclam: Ditzingen, 1995
- Wegmann J., Zimmermann G.: Netzwerk, soziales. Yayınlandığı yer: Schäfers B. (Ed.): Grundbegriffe der Soziologie. 8. baskı. Leske + Budrich: Opladen, 2003, s.250-254
- White H.: Identitiy and Control. A Structural Theory of Social Action. Princeton University Press: Princeton, 1992
- White H.: Careers and Creativity: Social Forces in the Arts. Westview Press: Boulder, 1993
- Williamson O.: Transaction-Cost Economics: The Governance of Contractual Relations. Yayınlandığı yer: Journal of Law and Economics 22, 1979, s.233-261
- Yavuz H.: Yayına Dayalı İslami Söylem ve Modernlik: Nur Hareketi. Yayınlandığı yer: 3. Uluslararası Bediüzzaman Sempozyumu. Nesil: İstanbul, 1995, s.641-666
- Yavuz H.: Die Renaissance des religiösen Bewusstseins in der Türkei: Nur-Studienzirkel. In: Göle N., Ammann L. (Ed.): Islam in Sicht. Der Auftritt von Muslimen im öffentlichen Raum. Transcript: Bielefeld, 2004, S. 121-146
- Yeni Akit: Gülen: Hükümet gitsin. 18.04.1997
- Yeni Akit: FETO: 2. Murat beni namaza kaldırdı. 27.08.2016

- Yeni Şafak: Abimi Fethullah Gülen şikayet edip tutuklattı. 24.03.2014
- Yeni Şafak: Bediüzzaman'dan, Sait Nasır'a: Bu münafığa dikkatli ol fakat zamanı gelince açıkla. 27.03.2014
- Yeni Şafak: Görmez: Türkiye'den geldiler diye FETÖ'cülere karşı nefretlerini bastırmışlar. 31.12.2016
- Zaman: Interview mit Fethullah Gülen. 8. Teil. 09.03.1992
- Zaman: Hayırlı olsun. 30.06.1997
- Zaman: ERNA Başkanı'ndan çarpıcı açıklamalar. 17.06.2016
- Zarcone T.: La Turquie moderne et l'Islam. Flammarion: Paris, 2004

Ekler

Ek 1

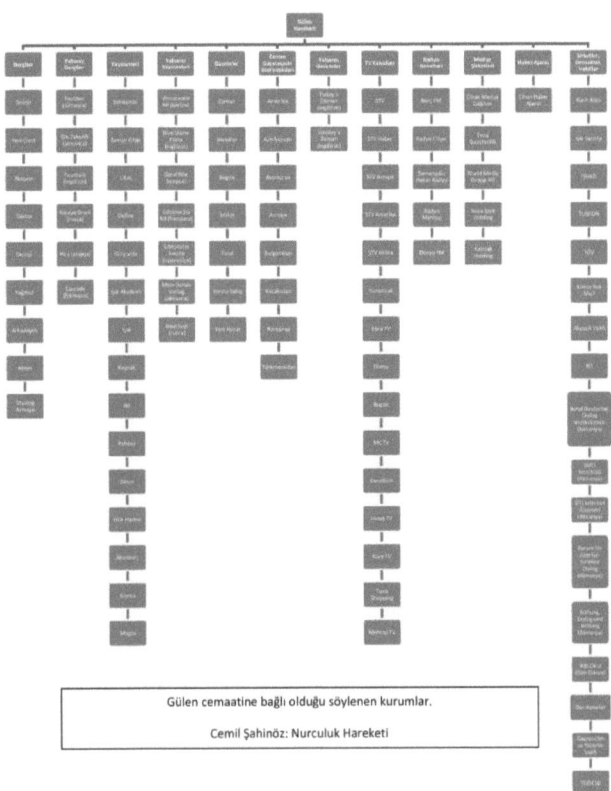

Gülen cemaatine bağlı olduğu söylenen kurumlar

Ek 2

Kırklareli, 6 Mayıs 1965

Aziz ve muhterem Patrik Şinork Kalustyan,

Esasen bütün milletler ve insanlar kardeştirler. Çünkü hepimizin büyük anası Hazreti Havva, dedesi Hazreti Adem'dir.

Bütün insanlar fanidir. Binananeleyh mahdur. Ömürleri müddetince hoş ve kardeşçe geçinmek lazımdır.

Bütün dinler bilhassa semavi dinler insanlara daima iyilik, hoşgörülük tavsiye etmektedir. Musevilik, Hristiyanlık dinlerinin esasları birbirine çok benzemektedir. Semavi dinleri bize tebliğ eden Peygamber dediğimiz büyük insanların müşterek dedeleri Hazreti İbrahim Aleyhisselamdır. Binananeleyh insanların din veya milliyet ayrılığından bahsederek birbirleri aleyhine düşmanca hareket etmeleri yersizdir. İnsanlara daima müsamaha ve iyilik emreden büyük insan büyük Peygamber Hazreti İsa Aleyhisselam bir mümessili sıfatıyla bu makamda bulunmanız bana ve müslüman alemine onur vermektedir. Çocukluk ve meslek hayatımda tanıdığım bir çok ermeni aile ve şahsiyet vardır. 1915 yılında ermenilere yapılan büyük soykırımını lanetle yad etmeden geçemeyeceğim. Öldürülen, katledilen insanların içerisinde ne kadar büyük insanların bulunduğunu derin bir hassasiyetle okuyor, onları saygı ile anıyorum. Büyük Peygamberinizin Hz İsa Aleyhisselaman'ın çocuklarının, müslüman geçinen cahil insanlar tarafından katledilmesini esefle kınıyorum.

Bu vesile ile zatı alinize sonsuz teşekkürlerimi sunar, bu toprakların değerli çocukları olan ermeni yurt taşlarımızı, rum vatandaşlarımızı, azizi türk kardeşleri ile daima huzur ve saadet içinde yaşamalarını ulu Tanrı dan niyaz ederim.

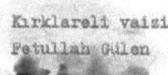

Kırklareli vaizi
Fetullah Gülen

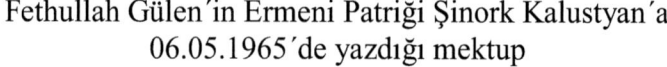

Fethullah Gülen'in Ermeni Patriği Şinork Kalustyan'a
06.05.1965'de yazdığı mektup

160

Yazar Hakkında

Dr. Cemil Şahinöz, 1981 yılında Almanya'nın Halle/Westf. şehrinde doğdu. Bielefeld Üniversitesinde sosyoloji ve psikoloji okudu ve ilahiyat ve dinpsikolojisi alanında doktorasını yaptı. Aynı zamanda Üniversitede İstatistik Öğretmenliği yaptı. 15 yaşında ilk kitabını ve 16 yaşında ilk aylık dergisini çıkaran Şahinöz, 2001 senesinde gazetecilik, yazarlık ve köşe yazarlığı yapmaya başladı. Aynı sene "Ayasofya" dergisini çıkarmaya başladı. Farklı dergilerde ilmi makaleleri yayımlandı. Birçok kitap yazdı, birçok kitabı tercüme etti veya editörlüğünü yaptı. Farklı gazete ve dergilerde gazeteci ve köşe yazarlığı yapmakta. Gazeteci olarak Almanya Cumhurbaşkanı Christian Wulff ve Türkiye Cumhurbaşkanı Abdullah Gül ile Osnabrück Gezisine katıldı. Türkiye Münster Konsolosluğu Tercümanı olarak çalıştı. Said Nursi'nin Risale-i Nur eserlerinin almanca tercümelerinde görev aldı. 2006 senesinde yazdığı "Avrupa'da Türk Aile Yapısı" makalesi Almanya'da Diyanet tarafından "Yılın Makalesi" seçildi. Şuan kumar bağımlılığı uzmanı, entegrasyon (uyum) sorumlusu ve psikolojik aile danışmanı olarak görev yapan Şahinöz, geçmişte öğretmen, eğitimci, ve projemeneferi olarak çalıştı ve "Misawa Talk" internet radyo programını sundu. Kurduğu internet sitesi (www.misawa.de) Almanya'da bir üniversite tarafından yapılan araştırmada "En iyi almanca İslami Websitesi" seçildi. Uyum Sorumlusu olarak yaptığı projeleri Almanya Başbakanı Merkel tarafından Ocak 2011 tarihinde onore edildi. Şubat 2011'de Barack Obama'nın baş danışmanı Rashid Hussain'e "Almanya'da ki Müslümanlar" hakkında rapor verdi. Haziran 2011'de Avrupa İşadamları ve Akademisyenler Birliği Derneği (AİB) tarafından kendisine "Akademisyen ve Uyum Ödülü" verildi. Almanya'nın en çok satan dergilerinden biri olan "Focus" dergisinde Eylül 2015'de müslüman genç entellektüel olarak tanıtıldı. Şahinöz, Almanya genelinde birçok kuruma seminerler ve konferanslar veriyor. Aynı zamanda Avrupa'daki Risale-i Nur hareketinin çatı derneği ERNA'nın genelsekreteri, kurucu üyesi ve eski başkanı ve Bielefeld İslami cemaatlerin çatı derneği BİG'in başkanlığını yapıyor.

İletişim: cemil.sahinoez@gmx.de, www.misawa.de, http://twitter.com/Cemil_Sahinoez, https://www.facebook.com/CemilSa, http://instagram.com/cemilshnz, https://www.youtube.com/user/Cemil4000